PRIMA DELL'ALBA

Diario Sugli Insegnamenti Di Gurdjieff

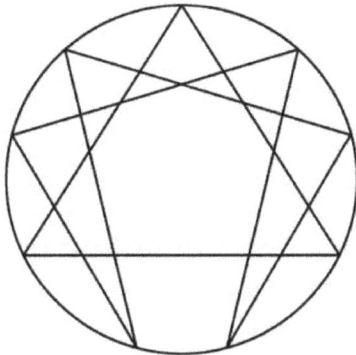

Henri Thomasson

Prefazione dell'autore

Gran parte degli appunti che formano questo libro, estratti da un "Diario" scritto tra il 1947 e il 1967, non sono che la verità si un momento, l'espressione di tappe successive sul cammino di un'esperienza in perpetuo divenire che esige di essere vissuta istante per istante. Perciò queste note, limitandosi a evidenziare alcuni aspetti delle cose descritte, non vanno mai prese come verità assolute, e neppure pretendono di fornire un'immagine fedele dell'insegnamento cui si allude nelle pagine che seguiranno: esse vogliono semplicemente illustrare con scrupolo il percorso effettuato in vent'anni da un sincero ricercatore sulla via proposta da Gurdjieff. Nonostante il prezioso aiuto che riceviamo, in mancanza del quale nulla sarebbe possibile, la nostra avventura è una lotta nell'ignoto, e per lungo tempo riusciamo a vedere soltanto ciò che ci lasciamo alle spalle. Tuttavia ogni conquista getta un po' più di luce sul nostro patrimonio interiore, facendogli assumere contorni talmente diversi che le successive visioni globali cui arriviamo ci sembrano via via incomplete, se non del tutto sbagliate. D'altra parte ciascuna visione, nel momento in cui prende consistenza, è certamente indispensabile: in difetto, ogni ulteriore progresso sarebbe impossibile. La qual cosa spiega - ma non scusa - le insufficienze e le contraddizioni che si potranno riscontrare nella lettura di queste pagine.

H. Thomasson.

Introduzione

Sono passati poco più di vent'anni da quando l'Insegnamento di Gurdjieff mi ha strappato bruscamente dal piacevole sonno di una vita focile e senza imprevisti. Da allora, pur senza cambiare facciata, attraverso le pene e le gioie quotidiane si è consumato un lento processo. Giù nel profondo è germinato un seme che poi è cresciuto, facendo crollare i valori per me più importanti e fornendomi un nutrimento che forse cercavo senza saperlo.

Per effetto di un lavoro che queste note intendono documentare, l'uomo psichico che credevo di essere si è progressivamente sgretolato, e ciò mi ha permesso per brevi istanti di evadere dal sogno collettivo che gli uomini chiamano « vivere ».

Lo sforzo interiore si è scavato un solco verso la meta ancora lontana additata da questo Insegnamento, cioè verso una presa di coscienza, tramite la conoscenza di sé, di ciò che l'uomo è realmente.

Ben presto mi è parsa evidente l'utilità di scrivere in forma chiara le molteplici esperienze cui questo sforzo conduce: infatti, per quanto essenzialmente inesprimibili a parole, la loro trasposizione verbale mi aiutava a ritrovare il gusto del momento vissuto. L'uso di un pensiero più sciolto, fissando le immagini, agiva da elemento rivelatore, e scrivere diventava una gioia cui volentieri m'abbandonavo. È così che queste pagine hanno potuto fissare alcuni istanti di vita.

Ma parlare delle mie esperienze significa anche parlare dell'insegnamento di Gurdjieff, impresa, quest'ultima, ben più temeraria. La conoscenza cui esso intende condurci non si acquista né come una merce né come un sapere, e nemmeno si tratta di un sistema di vita più devoto di cui basta sapere la formula. L'Insegnamento di Gurdjieff parte dall'idea che l'uomo, quale noi lo conosciamo, è un essere incompleto; che lo stato in cui egli vive, agisce e crede di essere sveglio, è una specie di sonno ipnotico mantenuto da una rete d'influenze e da un insieme di forze parzialmente prodotte dall'immagine che egli ha di se stesso e che gli impedisce di vedersi com'è. Quest'Insegnamento ha senso solo per l'uomo che nutre almeno qualche sospetto di sognare a occhi aperti e che prova talvolta la penosa impressione di non essere ciò che crede di essere. L'Insegnamento di Gurdjieff realizza le condizioni propizie allo studio di sé, consentendo all'uomo di sottrarsi al potere dell'immaginazione e di prendere coscienza di ciò che egli è realmente. È contemporaneamente una scienza e un'arte: una scienza perché lo studio di sé, così come viene proposto, è essenzialmente pratico e condotto con estremo rigore: è un'arte - un'arte di vivere perché evoca relazioni che esigono l'intervento di strumenti di percezione non razionali.

Sebbene a prima vista possa sembrare altrimenti, lo studio di sé, condotto scientificamente secondo l'Insegnamento di Gurdjieff, poggia su elementi del tutto estranei ai campi della scienza e della psicologia a noi noti. È un tipo di studio dal rigore prettamente scientifico, e nel corso delle ricerche non accetta nulla che non sia verificato in modo sperimentale; tuttavia, i dati di base e il materiale d'idee utilizzato differiscono da tutto ciò che viene generalmente definito « scientifico » o « psicologico » nella terminologia occidentale moderna. Questa « scienza » diversa comprende elementi che la scienza attuale - nient'altro che un aspetto incompleto della prima - considera estranei al proprio campo di interesse, e la « psicologia » utilizzata da questo Insegnamento studia non soltanto l'uomo-macchina, bensì l'uomo in tutto il ciclo della sua potenziale evoluzione. Quando l'uomo intravede la possibilità di accedere a un sistema di relazioni meno rigido verso se stesso e verso l'ambiente circostante, in lui sboccia una nuova « arte di vivere ». Liberato dai lacci dell'immaginazione e dell'illusione, e cosciente del proprio ruolo, egli allora si trova in condizione d'inserirsi nell'armonia generale del mondo in cui gli è riservato un posto invidiabile.

Parlare dell'Insegnamento di Gurdjieff significa parlare di tutto questo. Ma come? Si pone subito la necessità di utilizzare un nuovo linguaggio o, almeno all'inizio, in attesa di averlo assimilato, di tenere presente che le parole e certe idee usate per tentarne l'approccio, se prese in senso ordinario, finiscono per trascinarsi dietro una sfilza d'immagini che ne sono soltanto la caricatura; ci vuole dunque un linguaggio preciso, imparato nel corso di una lunga pratica e che, spogliato del suo aspetto abituale, sia nello stesso tempo una « poesia » nel senso inteso da Banville: « Una magia che consiste nel suscitare determinate sensazioni mediante una combinazione di sonorità... un incantesimo grazie al quale ci vengono comunicate alcune idee in maniera inequivocabile attraverso parole che non le esprimono affatto »...

Parlare dell'Insegnamento in altri modi, tramite il contenuto ordinario delle parole che lo definiscono, significa tradirlo. Infatti, il linguaggio comune produce nell'apparato mentale dell'uomo una rappresentazione della cosa detta che generalmente si conclude nell'operazione chiamata « capire », la quale consiste nel formarsi di un'immagine più o meno chiara che, associata a elementi registrati in precedenza nella memoria, provoca una sensazione piacevole suscitando automaticamente un'altra immagine, a sua volta messa in relazione al materiale preesistente, e così via per tutto il tempo che l'uomo si abbandona al processo interno chiamato « pensare ». Per chi non è preparato, cercar di capire le idee o sottomettersi alle condizioni di questo Insegnamento significa limitarsi a utilizzare le molteplici relazioni che si formano a caso nei loro confronti tra i vari materiali di cui ciascuno è in possesso. La variazione, tanto costante quanto inosservata, del contenuto di ciò che si presenta nel campo della « coscienza » durante il processo mentale in questione, e i salti di qualità del tutto inavvertiti nell'attenzione utilizzata allo scopo, non solo non portano ad alcuna vera comprensione, ma hanno spesso come conseguenza una mancanza di « risultati » subito imputata all'Insegnamento, e a seguito delle contraddizioni inevitabilmente prodotte da una visione parziale e mutevole, ecco sorgere il dubbio circa il significato e la vera essenza dell'Insegnamento stesso.

Tentarne l'approccio dall'esterno, con uno studio razionale o un'intuizione condizionata, significa volervi entrare per scasso, e non c'è spranga né grimaldello che possa venire a capo di un'impresa del genere. Tutt'al più lo si potrà deteriorare fino a privarlo d'ogni senso e attrattiva, e di fronte ai suoi rottami informi l'uomo, soprattutto il più intelligente, si chiederà come ha potuto perdere tanto tempo in un'impresa cosi futile.

Eppure l'Insegnamento di Gurdjieff, tramite le varie forme scritte che ha assunto, è stato recepito da moltissima gente proprio in questa maniera. Per quanto si rivolga all'uomo totale, a prima vista esso sembra diretto all'«uomo interiore ». Perciò, l'eventuale interesse risvegliato in coloro che lo affrontano solo in tal senso viene assunto dal loro « mondo interiore », ossia dal luogo in cui si confrontano i problemi cosiddetti « intellettuali » o « spirituali » ch'essi considerano il centro di se, nel quale in quel momento credono di trovarsi. Un'attenzione più sottile e una miglior conoscenza interiore mostrerebbero che l'uomo generalmente si muove nella frangia esterna di un mondo psichico il cui centro è ben lungi, dall'essergli accessibile.

L'uomo, per avere almeno qualche possibilità di comprendere la realtà in maniera corretta, dovrebbe anzitutto prendere coscienza di quanto sia pienamente appagato dai luoghi comuni che costituiscono il suo « sapere » su tutte le cose, un sapere cui egli s'aggrappa con tutta la forza dell'abitudine e dell'idea che ha di se stesso. Egli allora metterebbe subito in discussione l'Immagine della propria persona e, continuando con un'osservazione semplice e imparziale, non mancherebbe di giungere a un riesame più preciso dei propri valori in tal caso sarebbe costretto a lasciar cadere un gran numero di certezze, e si troverebbe cosi vicino a quel punto centrale di sé nel quale l'Insegnamento di Gurdjieff « risuona » in tutt'altro modo. Finché questo movimento non sarà avviato e poi mantenuto senza cedimenti, l'essenziale di ciò che l'Insegnamento propone finirà per diluirsi nell'« esteriorità », magari travestita sontuosamente da « interiorità ».

Ma come acquisire un linguaggio « poetico », l'unico in grado di esprimere l'Insegnamento di Gurdjieff, e chi può utilizzarlo, se non colui che abbia fatto dell'Insegnamento la sua vera natura?

Forse bisogna esercitarsi a trascurare il suono delle parole, per gustare invece la sensazione del loro contenuto; a rifiutare il profumo inebriante delle idee, accettando però di esserne attraversati; a strappare senza pietà la maschera della menzogna dietro cui trascorre la vita, una maschera così ben aderente che talvolta viene via anche la pelle!.

Se le cose stanno davvero così, solo e, unicamente, colui che ne fa la dura esperienza potrà forse un giorno parlare dell'Insegnamento di Gurdjieff.

I

La Porta

Sono un essere vivente. Questo per me da tempo è un mistero stupendo e una fonte inesauribile di domande.

Che forza è mai quella che, a un preciso momento, ha estratto dall'ignoto il mio corpo e tutti gli strumenti psichici che contiene, facendolo giungere lentamente a dimensioni maggiori e a un modo di funzionare più raffinato, e che pian piano, estinguendosi, un giorno se ne andrà bruscamente lasciandosi dietro un abito smesso da sottrarre alla vista in gran fretta? Il fatto di non conoscerne la natura, l'origine e la ragion d'essere mi suscita un senso di ribellione che alle volte mi fa stare male.

Nell'insieme dei fenomeni che costituiscono la creazione, la vita dev'essere semplicemente considerata uno dei tanti? Dato che certe entità indipendenti hanno avuto in dotazione speciali apparati capaci di assorbire una certa quantità d'energia, la vita non potrebbe ridursi a essere il risultato della corrente che essi producono con quell'energia e che man mano si esaurisce nonostante le continue ricariche ricevute da nutrimenti di varia natura; e la morte non potrebbe essere l'attimo del suo esaurimento totale?

All'interno di questo complesso di fenomeni, l'uomo non potrebbe essere soliamo l'apparecchio più perfezionato, provvisto della qualità d'energia più sottile, e la vita umana l'insieme degli eventi prodotti dalla corrente anzidetta, alcuni dei quali forniscono all'uomo l'occasione di possedere e di utilizzare per un certo tempo, a vari fini, un determinato numero di beni, di sensazioni e di idee?

Ma tutto questo perché, per quali motivi? Esiste forse un Piano a noi sconosciuto che una Potenza governa a fini che ci sfuggono? A che cosa può servire la mia vita? Non sono forse un infimo componente del gregge formato da tutte le cose viventi, allevato sulla terra a scopi imperscrutabili e soggetto a punizioni o ricompense secondo i meriti di ciascuno da parte della Potenza che se ne serve?

Non solo sono incapace di rispondere a tutte queste domande, ma non ho risposta nemmeno per la domanda più semplice: che cosa sono e chi sono io? È possibile rispondere? Dietro le apparenze del mondo fisico, psichico e spirituale, esiste uno strada che lo attraversi per giungere a una conoscenza diversa?

Le tradizioni e i loro veicoli, cioè le religioni, le filosofie e i vari insegnamenti, rispondono di sì, e ciascuna a suo modo propone un sentiero: ma non a tutti è dato di conoscerne il vero punto di partenza.

È lì che mi vuole condurre l'Insegnamento in cui mi sono imbattuto? Non ne sono ancora sicuro, ma ciò che ho trovato è così ricco di nuove risposte che non posso più guardarmi dentro e attorno con lo stesso sguardo cieco e inetto di prima.

Rendermi conto che la vita, anche nei suoi lati più attivi, è solo un lungo sonno cominciato qualche settimana dopo la nascita, e destinato a diventare sempre più pesante fino alla morte, è una cosa inaudita, stupefacente e dolorosa. Che l'uomo, al di là della sua vita organica, sia solo un'ombra vivente, e che persino i più sottili processi psichici e spirituali che si svolgono all'interno di quell'ombra lo riguardino solo parzialmente, e restino quasi sempre separati da una realtà essenziale che egli ignora, è un'idea difficile da accettare, e per essere verificata in ogni circostanza, mi richiederà lunghi e perseveranti sforzi. Risalire da un sonno così pesante fino alle sorgenti dell'essere, e veder nascere la possibilità di collegarsi pian piano all'uomo nella sua realtà totale è certamente una ben strana avventura... Ma sembra che sia proprio questa l'avventura che mi viene proposta.

Vuol forse dire che ora avrò libero accesso alle segrete cose e che presto il Piano mi verrà rivelato? Probabilmente no, perché sùbito si presenta un terribile ostacolo. È facile rendersi conto che il sentiero verso il segreto non passa per le vie della ragione, dove la parola regna sovrana e il pensiero si sviluppa in direzioni già note, ma segue un percorso che il funzionamento intellettuale, anche quello più acuto, generalmente ignora. Sapere, percepire e aver coscienza sia dell'istante in cui « sappiamo » e « percepiamo », sia di ciò che in noi « sa » e « percepisce », rappresenta infatti un processo che non appartiene al mondo psichico cui siamo abituati. La conoscenza arriva da una direzione ignota, ci sovrasta, s'impone inesorabilmente e diventa coscienza. La meta non è dove la si cerca abitualmente, eppure è vicinissima. È possibile raggiungerla se ne abbiamo bisogno, se la desideriamo, e se a tal fine accettiamo di soffrire. Ma perché soffrire, e soffrire di che? Ancora una volta non è facile rispondere: infatti, quando ci viene indicata la sofferenza necessaria, la sua utilità a prima vista ci sembra discutibile, e agli inizi non è sempre agevole accettarla come tale. La cosa certamente più difficile è quella di rassegnarsi per lunghi anni a camminare su quest'arduo sentiero come pellegrini dell'impossibile...

Ciò mi è parso subito chiaro dopo i primi incontri col gruppo di studio in cui sono stato inserito. Una ventina di persone, alcune già da due anni, seguono l'esposizione delle idee su cui si basa l'Insegnamento. Dopodiché si apre un dialogo nel quale la persona responsabile del gruppo (la chiamerò A.) risponde alle nostre domande e ci propone particolari esercizi di osservazione e di attenzione che fin dal primo giorno mi hanno colpito per la loro novità e originalità.

Il « Maestro », il Signor Gurdjieff, è un greco del Caucaso che non partecipa alle nostre riunioni ma che, mi é stato detto, avrò presto l'occasione di conoscere personalmente. Avverto negli altri il medesimo interesse che spinge anche me, e ora sento con certezza che presenzierò regolarmente a queste riunioni nonostante la distanza e le difficoltà. A. mi ha accolto con simpatia, rispondendo a lungo alle mie domande. Quando ho espresso l'intenzione di venire tutte le volte che i miei impegni me l'avrebbero consentito, il suo sguardo intenso mi ha avvolto completamente, e l'acquiescenza del suo sorriso è stata per me tanto una promessa quanto una ricompensa.

L'idea che l'uomo può vivere in quattro diversi stati dì coscienza mi ha chiarito molte cose. Se lo stato di sonno fisiologico non solleva grandi problemi, lo stato di veglia, che per Gurdjieff è quello stato di sonno a occhi aperti, assai poco diverso dal precedente, nel quale noi viviamo di solito, richiede un'attenta osservazione e l'abbandono di antiche certezze. Quanto allo stato di coscienza di se e allo stato di coscienza oggettiva, ormai non posso più illudermi che siano quelli in cui vivo la mia vita « cosciente » e « interiore », poiché vengono dati come un traguardo ancora lontano e come il campo verso il quale verrà orientata la nostra ricerca.

Mi é difficile però, di punto in bianco, accettare tutte queste affermazioni, per esempio l'idea che l'uomo è un essere incompleto, o che vive nel sonno senza conoscersi. Se è vero che non so rispondere in modo soddisfacente alla domanda: chi sono?, tuttavia so alcune cose di me. A. ci ha spiegato che il più delle volte questa conoscenza è solo una percezione mentale di tendenze e atteggiamenti automatici abituali; la vera conoscenza di se, invece, si realizza solo quando l'uomo è « cosciente », o perlomeno quando raggiunge un certo grado di « coscienza di sé ». Qui la parola « coscienza » non si riferisce allo stato in cui l'uomo ha la sensazione fisica di se stesso e di ciò che gli sta attorno. E non indica neppure lo spazio interiore che racchiude un insieme di regole morali su cui ciascuno esprime a piacimento giudizi di valore. Si tratta di tutt'altra cosa. L'uomo può pensare, provare emozioni e lavorare con gli appositi strumenti di cui è dotato e di cui è abituato a servirsi automaticamente, senza tuttavia essere « cosciente » di pensare, sentire o lavorare: è vero che lo sa, ma non lo prova direttamente. « Essere coscienti » significa anzitutto sentirsi essere colui che sa mentalmente le cose, significa introdurre nei processi meccanici un'attenzione che susciti una « sensazione d'essere » per tutto il tempo in cui si svolgono i processi fisici e psichici dei quali l'uomo, a tratti, è la sede. Soltanto allora egli comincia a essere un po' « presente a se stesso ». La sensazione che determina questa « presenza », con l'effetto di consentire una nuova apertura sugli eventi in cui l'uomo è coinvolto, è lo stato definibile « coscienza di sé ». Quando si trova questo stato, l'uomo riesce pian piano a osservare la realtà profonda dei suoi meccanismi e può cominciare a conoscersi. Solo molto più tardi, nello stato di « coscienza oggettiva », egli può sperar di raggiungere la Conoscenza di tutte le cose e di vivere al più alto livello cui possa aspirare.

È chiaro che dovrò affrontare il problema della conoscenza in maniera totalmente nuova. Lo studio dell'uomo proposto da Gurdjieff è diverso dalle comuni discipline, e sfugge alle solite classificazioni che esaminano e studiano successivamente l'anatomia, la morfologia, lo psicologia, l'intellettualità, la capacità di pensare e di provare emozioni, ecc.. Qui, invece, l'osservazione viene condotta tanto secondo una prospettiva di idee nuove quanto appoggiandosi su un'esperienza personale, in modo da costituire uno studio sul vivo, attimo per attimo, dell'insieme di reazioni motorie, affettive o mentali di cui « io sono » la sede. Non studio l'uomo: studio « me stesso », con tutte le implicazioni che ogni aspetto di me comporta in un certo momento e in una certa situazione, ponendomi da un punto di vista completamente diverso dal solito.

Qui devo esercitarmi a riconoscere e a nominare le cose e gli eventi che mi riguardano direttamente a partire dalla percezione viva che ne ho dentro di me; un ragionamento scientifico o filosofico, invece, nel definire le cose e gli eventi e nel dedurne le regole funzionali, determina per associazione ulteriori definizioni, e così via all'infinito.

A ogni riunione del nostro gruppo vengono esposte una o più idee nuove. Mi ha colpito il fatto che « il pensiero » non è libero, che funziona tramite schemi prefabbricati dal ripetersi di analoghe impressioni, e che perciò l'uomo, nell'esprimersi, non coincide con ciò che esprime o, perlomeno, non è solo quello.

Pure l'idea che la vita è un consumo permanente d'energia mi ha destato un grande interesse. La scienza ha studiato la nozione d'energia, assegnandole molteplici forme. Ma che cos'è la « mia » energia? Io sento di avere a disposizione una certa quantità d'energia, sento che l'attività fisica o intellettuale, o un sovraccarico dell'emozione, possono svuotarmi d'energia, e che mi occorre riposare o dormire per averne di nuovo a disposizione. Attraverso quale processo misterioso si ricostituisce quest'energia? Qual è e dov'è la sua fonte?

Infatti, poter sentire che quest'energia nasce, circola, si rinnova e passa attraverso di noi, poterla sentire come il supporto di movimenti, emozioni e pensieri, ci consentirebbe di avere la sensazione di essere, e di conoscere meglio il « mondo » che ognuno di noi rappresenta; e quindi, in rapporto a questa nuova realtà, ci permetterebbe di conoscere il mondo che sta sopra e dentro di noi.

Ma per osservare queste cose ci vuole un tipo di attenzione che e impossibile acquisire senza sforzo.

Lentamente mi si va precisando un'immagine nuova dell'uomo. Accanto alla vita organica, esistono altri livelli di più difficile percezione. La vita psichica, che ero abituato a considerare un'attività puramente mentale accompagnata da moti affettivi in tutte le loro sfumature, è in realtà molto più complessa: e in questo gruppo ce ne viene data la dimostrazione.

Anzitutto, l'uomo è costituito da un insieme di qualità individuali che costituiscono il patrimonio essenziale ricevuto personalmente in eredità e le cui peculiarità caratterizzano ciascuno di noi. Insieme al corpo fisico, che per aspetto, forma e misure rappresenta la realtà apparente, tali qualità costituiscono l'« essenza » dell'individuo, ossia ciò che gli appartiene in proprio e che, entro certi limiti, condizionerà la sua evoluzione.

Ma, oltre a questa parte fondamentale di cui, eccetto il corpo fisico, è difficile percepire la natura profonda, l'uomo possiede altre qualità che entrano in gioco in quasi tutte le sue manifestazioni e esse, mascherando l'essenza, le impediscono di esprimersi spontaneamente, finendo per avere la rappresentanza quasi esclusiva dell'uomo in ogni atto della sua vita. Ecco in che cosa consiste la « personalità »: pur formandosi a partire dai tratti principali dell'essenza, la personalità è il risultato delle influenze subite fin all'infanzia, dell'ambiente in cui ciascuno e vissuto, dell'educazione, delle idee e dei sentimenti appresi per mutazione, insomma di tutto ciò che proviene dall'esterno durante la vita.

Immerso ininterrottamente nel flusso dell'esistenza, modellato da ogni circostanza in cui si viene a trovare, succede che l'uomo veda rafforzarsi alcuni aspetti della sua manifestazione, instaurarsi determinate abitudini e formarsi atteggiamenti e opinioni che pretendono, spesso in buona fede, di esprimere al momento dato la sua totalità. È così che in ogni circostanza egli dice « io » e s'immagina di essere interamente « se stesso » attraverso ciascuno dei personaggi cui man mano è identificato. E senza che egli se ne renda minimamente conto, tutti questi « io », quasi sempre privi di rapporto tra loro, finiscono man mano per allontanarlo dalla propria « individualità », cioè dal proprio « essere interiore ».

Come riconoscermi in quest'amalgama di qualità, alcune delle quali mi appartengono in proprio e altre no? « Risalite alla vostra infanzia », ci dice A., « e ritrovate il gusto suscitato in voi dalle impressioni di allora: ciò vi insegnerà molte cose sulla vostra essenza »...

Uno strano gusto, un gusto di cui un tempo ero saturo, e che oggi posso ritrovare solo giù nel profondo, dove a lungo è rimasto dimenticato, un gusto su cui oggi passa e ripassa l'ombra delle nozioni apprese, dei pregiudizi e delle immaginazioni invadenti... Nonostante gli sforzi, mi riesce difficile distinguere la mia vera essenza, ma, in ogni movimento mentale o affettivo che sorge dentro di me, posso riconoscere senza ombra di dubbio i tratti della mia personalità.

II

Prime esperienze

Cerco di sentirmi essere. Dalla mia testa s'irradia un'energia capace di esercitare un potere su ciò che mi sta intorno e sul mio corpo, che essa percorre rendendo vivida la mia gioia ed esaltando la sensazione di vivere. Per poterla isolare, io concentro le forze su ciò che ne ritengo la fonte, e tra quel punto e il mio corpo si stabilisce una certa distanza. Per conoscere il mondo psichico che non ho ancora mai affrontato in tal modo, cerco di separarlo dal corpo. Seduto a gambe accavallate, tento di essere soltanto quel « potere »: il corpo si allontana, non lo sento più; mi concentro ulteriormente: finirò per svenire? Dove sono? Il tentativo mi sembra pericoloso. Lascio che le cose riprendano lentamente il loro posto.

Che cosa e successo? In quale momento è cessata la sensazione di essere? Sono le domande che ho fatto alla prima riunione seguita a questa esperienza.

« Il suo tentativo è completamente sbagliato. Al contrario, bisogna calmarsi, fare silenzio, ascoltare e raccogliere in sé tutta l'attenzione possibile. Bisogna decontrarsi al massimo: solo la decontrazione può aprire la strada che permette all'attenzione di attraversare la massa opaca dell'immaginazione e del corpo tesa. »

Una decontrazione per svegliarmi? Il rilassamento muscolare non contribuisce piuttosto a preparare le condizioni del sonno?...

Ma di ben altro si tratta. Qui la decontrazione è una simultaneità di due sforzi essenzialmente molto diversi, il « rilassamento muscolare » e l'« attenzione », col corollario di un evento che testimonia la giustezza degli sforzi compiuti: la « sensazione di sé ».

Seduto a gambe accavallate, comincio a osservare me stesso, attento al silenzio che il pensiero immobile introduce di colpo nel mondo brulicante in cui mille preoccupazioni vorticano come falene intorno alla fiamma.

Il potere che irradia dallo stesso punto in cui sorge il pensiero, adesso lo chiamo « attenzione ». Diretta successivamente sulle varie parti del corpo, essa le percorre lentamente mentre io mi rilasso, cioè mentre sciolgo, prima in superficie e poi più profondamente, le tensioni che poco fa non sentivo nemmeno. All'interno di ogni livello muscolare se ne presenta un altro in cui l'attenzione cancella qualcosa. Sono perfettamente immobile, nulla si muove se non il respiro sempre più calmo e il cuore, il cui ritmo costante non subisce alcuna influenza da parte mia.

Mi sento aggredito da tutte le parti. Il corpo, inquieto, mendica un movimento, e ogni sua richiesta interrompe il flusso dell'attenzione; non solo, ma non appena si sviluppa insidiosamente la speranza di un risultato immediato, quel flusso addirittura svanisce, e nonostante uno sforzo tanto delicato quanto insistente, sopraggiungono alcuni pensieri a inaridirne di colpo la fonte.

L'unico modo per liberarmi dalle potenze che invadono solitamente il mondo dei pensieri e dei sentimenti è quello di ristabilire il contatto attenzione-corpo. Mi rendo conto che quest'invasione rappresenta il mio stato abituale, cioè una condizione di sonno contrapposta allo stato di presenza a me stesso; presenza che possa sperimentare nella sua realtà solo quando cessa lo stato di sonno.

La mia lotta consiste proprio nel ristabilire quel contatto, nonostante l'incessante attacco delle forze che cercano di riportarmi al livello ordinario. Lentamente il flusso d'attenzione percorre il mio corpo rilassato, e là dove si trattiene più a lungo nasce una vibrazione; allora si manifesta la vita latente che si trova dentro di me provocando una nuova sensazione, simile al suono potenziale del bronzo che si libera per un colpo di battaglio e conferisce alla campana la sua vera dimensione. Il mio corpo si apre a un'immobile animazione interiore: adesso mi sento vivo, ho la « sensazione di me ».

Ogni giorno ritento lo stesso sforzo, e a poco a poco la nuova sensazione simile a uno spostamento d'energia, che percepivo all'inizio in modo piuttosto confuso, lascia il posto a una sensazione migliore dal gusto ben più delicato.

Seduto davanti al quaderno dove cerco di annotare le modulazioni della vita che mi attraversa, mi sento interamente raccolto intorno a un punto centrale, attento solo alla gravità terrestre cui son sottoposto. Per un attimo cessano i movimenti del pensiero e i desideri; si stabilisce un equilibrio a destra e a sinistra della linea verticale formata dalla colonna vertebrale, ma basta che la mano si muova un pochino, o che l'apposito strumento mentale dia forma alle varie sensazioni da cui sono percorso, perché tutto di nuovo ritorni confuso. All'immagine serena di un mondo immobile che la vita animava di un moto impercettibile ritmato dai battiti del cuore, si sostituisce un film che proietta disordinatamente sullo schermo interiore brandelli di cose indefinibili.

Lentamente ritorno al silenzio, attento all'azione che lascio iniziare con molta prudenza, controllando il flusso delle immagini e restando presente alla mano che scrive le parole. Pian piano s'instaura un ordine molto fragile, minacciato da tutte le parti e destinato a durare un istante, perché al minimo soffio di qualche vento esterno svanisce, e instancabilmente, umilmente, mi tocca ritornare a cercarlo nel più profondo di me stesso.

Stasera sono un abisso di passività, mi sento invischiato nel sonno, schiavo del mio tubo digerente, e dentro di me nessuno risponde all'appello. Cerco la strada consueta che mi avvicina al punto da cui irradia la « presenza », ma non arrivo da nessuna parte: la mente si arena, tutto tace: lo stomaco è in piena digestione! È il solito castigo: io intaso lo stomaco di sostanze che soddisfano il palato, e siccome lo stomaco è esigente e mai sazio, io mangio a quattro palmenti e consumo tutte le mie forze per digerire. Così, per cibarmi spendo più energia di quanta ne ricavi, e se non faccio attenzione schiatterò per il troppo mangiare.

Però sono intenzionato a vincere questa forza passiva, lo voglio; scrivo: lo voglio, perché non sono sicuro di volerlo... Voglio perché SONO. Perché sono ben altro che questo essere rammollito. IO SONO. Ma dov'è che sono qualcosa? Non c'è parte in me che risponda: solo il vuoto, un vuoto così bello, dolce, riposante! Come sarebbe facile abbandonare ogni ricerca e riprendere la strada dell'automatismo, anche se al termine c'è solo la morte!

Bisogna che sia caduto proprio in basso per ripudiare a cuor leggero quel mondo prezioso che talvolta ho potuto toccare dentro di me...

Ma lo sforzo necessario... Quale sforzo? Non ho neppure coscienza di quale sforzo occorra fare. Non ho nessuna voglia di sforzarmi a cercare lo sforzo necessario. Ci provo ugualmente: ma davanti a me si erge una barriera, m'imbatto in un muro contro il quale comincio a lottare. Ma come lottare contro un'inconsistenza? Riesco solo a dibattermi come una mosca nel miele, e il miele è cosi dolce... diventa sempre più denso, mi vince, mi paralizza per sempre.

Tento ancora una volta, ma chi risponde è sempre lo stomaco: freme di piacere, quella canaglia!... Rispuntano improvvisamente persino vecchi sogni notturni: la disfatta è totale. Batterò in ritirata o riuscirò a forgiarmi un'anima da guerriero? Il sonno però diminuisce; passano lunghi e vani minuti, mi sento lontano, percepisco una vaga coscienza che mi consente di valutare il mio stato: sono perso chissà dove. Gli attimi già vissuti a livelli migliori mi sarebbero stati concessi solo per farmi capire a qual punto mi trovo infognato? E io che credevo di aver raggiunto un certo stadio di evoluzione e di poter ritrovare i livelli acquisiti... Pur avendo una relativa sensazione del corpo e un po' d'attenzione che lo percorre, il pensiero attivo è sparito. Quanto all'emozione, in questo momento la parola scritta, anziché la profonda risonanza che è solita risvegliare in me da quando ho incontrato l'Insegnamento, ha un significato puramente esteriore.

Cerco di raccogliermi, ma è impossibile: riesco appena a sfuggire al groviglio informe dei miei pensieri; vivo in un'atmosfera indistinta in cui sono perduto. Mi sento come un liquido che, quando è chiuso in un recipiente, ha una forma, una densità e una dimensione; ma se d'un tratto non è più contenuto, si spande ovunque, perdendo di unità e di senso pur conservando volume e sostanza.

Sono riuscito a vincere soltanto il sonno: una vittoria miserabile e quanto mai effimera, perché ben presto non ne rimarrà nulla, se non la passività che stasera domina e invade gli angoli più reconditi di questo apparato umano che chiamo « io », e che peraltro è suscettibile d'esserne in parte liberato.

Ho sete di conoscere. Ma quasi sempre l'interesse che nutro per una vera conoscenza è sviato verso forme d'azione estranee a questo bisogno; oppure, nel caso migliore, è indirizzato verso quelle che, al mimino cenno di risposta, subito appagano la mia pigrizia.

E tuttavia, potrei mai essere ciò che sono se non avessi dentro un'aspirazione verso qualcosa che mi trascende?

Ma di questo bisogno quasi sempre assopito conosco soltanto la sollecitazione che esso ogni tanto mi provoca, subito inghiottita dall'azione esteriore cui mi trovo continuamente sospinto.

Ma è proprio da questo bisogno, autentico tesoro della mia condizione d'uomo, che partono le forze pronte a mobilitarsi nel senso del risveglio.

Esse però dimostrano un'estrema facilità nel mimetizzarsi con l'Immagine di cui il mio sogno le riveste: e da ciò posso misurare quanto sia ancora lontano dall'essere realmente impegnato in questo lavoro, come già m'illudevo.

È prestissimo: il sole e appena spuntato e dal sottile tessuto formato dagli aghi di pino traspaiono i suoi primi raggi. La montagna è ancora pervasa dal fresco della notte. M'inoltro nel bosco, dove la natura mi avvolge con la purezza del suo silenzio. Che prezioso aiuto per sbarazzarmi dell'uomo meccanico di cui son prigioniero!

Giunto in una radura scandita da obliqui raggi di luce, mi siedo su un tronco abbattuto e cerco di raccogliermi. In questo momento, io dirigo l'attenzione su di me, « Io » chi, quale « attenzione », quale « me »? D'un tratto mi sento capace di abitare successivamente questi tre elementi. Di volta in volta, una forza nuova anima uno di questi tre aspetti dell'uomo che sono; in una frazione di secondo passo dall'uno all'altro, sviluppando così uno straordinario balletto che si svolge nel campo della mia coscienza. Quanto più mi rilasso e mi libero dalle scorie lasciate dai miei sentimenti e pensieri, tanto più la forza si accresce ed io entro in un mondo rimasto finora precluso.

Lo sforzo diventa più facile finché, a un certo punto, arrivo proprio alla fonte dell'attenzione, là dove si manifesta una forza evidente che non saprei paragonare a nient'altro. Sconcertato da questa cosa ignota e senza nome, sul momento l'ho chiamata «potere determinante ». Sembrava essere la fonte stessa della mia vita.

A lungo sono rimasto là, immobile, assaporando una ricchezza vitale che, pur essendo l'origine degli « io » abituali, era tuttavia separata dal luogo in cui essi agiscono di solito, come una zona senza confini precisi dove si anima qualcosa che non esiste al suo esterno: e ogni nuovo sforzo vi si fondeva immediatamente, attratto da una forza strana e invincibile.

Poi mi sono alzato e ho vagato nella foresta, improvvisamente conscio della mia sovranità d'uomo. Per la prima volta, la natura vibrava di freschezza, di luce e di aromi, come se tutto questo esistesse per me.

Sembra che ormai le cose si dispongano diversamente al mio interno, e che a partire da questa nuova condizione io sia pronto per un altro lavoro. Come far vivere tale condizione, come nutrirla, come restarvi in contatto, come ritrovarla quando la perdo? Ahimè, la sensazione autentica di quella forza si affievolisce, e nel metterla per iscritto ne ho solo più un gusto sfuggente che a poco a poco finisce per diventare un ricordo.

Ma dopo questa esperienza, la certezza che nutro sulla validità e le reali possibilità di questo lavoro è troppo grande per non ripromettermi di perseverare seriamente nei miei sforzi.

Talvolta riesco a sentire il mio corpo vivere di vita istintiva: respirazione, circolazione, impulsi organici. Dato che in realtà non è possibile sentire uno di questi processi a esclusione di altri, non si tratta tanto di una separazione quanto del fatto sorprendente che cessa lo stato in cui tutto è confuso.

In questo modo posso entrare più a fondo in quell'apparato organico che è il mio corpo.

Un giorno, dopo averlo ben rilassato, ho diretto l'attenzione sul respiro, sentendomi man mano sollecitato ad approfondire il rilassamento della massa organica che presiede alla respirazione; un tentativo fatto alla cieca, nel buio più completo, perché non incontravo alcuna resistenza materiale su cui esercitare una decontrazione.

Improvvisamente, senza sapere come, nel polmone sinistro è sorta una sensazione reale, concreta, diffusa in tutto lo spazio permeato dal respiro. Su questa base, mediante un processo ormai noto sono riuscito ad affinarne il gusto e a rafforzarne l'intensità.

Percepivo il polmone sinistro con estrema chiarezza in tutta la sua estensione, quasi ne toccassi i contorni con la mano; ma nella parte mediana, una massa dura, opaca, dai confini ben percettibili, sfidava la mia sensibilità: si trattava dei tessuti sclerotizzati di una vecchia tubercolosi guarita col pneumotorace. Sentivo una forma netta quanto il ricalco radioscopico che a quei tempi veniva tracciato a matita rossa e blu su una carta traslucida posta direttamente sullo schermo dell'apparecchio durante l'esame: in maniera del tutto imprevista, ne riconoscevo ancora l'immagine familiare.

Sono rimasto stupito, confuso e meravigliato da quella percezione interiore di un organo inaccessibile ai sensi. Sentire improvvisamente che una vecchia anomalia, a lungo dimenticata, ritornava a materializzarsi, aveva davvero qualcosa di commovente.

Misteriosa vita, la cui presenza rende la materia organica trasparente a quello strano sguardo che ha per strumento l'attenzione e che, diversamente dalla vista, dal tatto, dall'udito o dall'olfatto, permette all'uomo di abitare il proprio corpo. A poco a poco ho distolto l'attenzione, e ogni cosa e tornata al suo posto nel mondo chiuso del corpo fisico, per un attimo aperto dalla chiave che avevo saputo trovare.

III

Verso una nuova struttura dell'uomo

Sento che il gusto e la qualità di vita cui questo Insegnamento conduce sono più importanti della vita stessa. Infatti mi sembra che la vita, al di là dello spazio e del tempo che la determinano, abbia senso solo quando si apre a un mondo di manifestazioni che trascendono le sue quattro dimensioni

Il mondo della « coscienza » è accessibile solo all'uomo « risvegliato », ossia a colui che, se non definitivamente almeno a periodi sempre più frequenti e sempre più lunghi, si ugge al livello in cui « la vita » e ridotta all'esercizio delle funzioni fisiologiche, accompagnate da attività mentali e affettive sull'unico piano d'esistenza che noi conosciamo.

Ma allora chi è addormentato dentro di me e si deve svegliare?

Finché non ho incontrato l'Insegnamento, avevo molto rispetto per la persona « intelligente » che credevo di essere.

Sorretto da un senso morale solidamente impiantato sulle influenze della famiglia, dotato di una certa capacità di giudizio soprattutto su argomenti estetici, favorito - talvolta egregiamente - da un buon livello d'intuizione e di comprensione, mi consolavo con molta disinvoltura della mediocrità dimostrata nelle prestazioni manuali e fisiche in genere.

La mia immagine mi sembrava mostrare un aspetto positivo, la « mia vita » era allietata dalle manifestazioni sviluppale dalle suddette qualità, e non mi sarebbe mai passato per la testa che tutto ciò potesse chiamarsi « dormire ».

Ma oggi tutto è diverso: mi è stata indicata una nuova struttura del mondo e dell'uomo, mi è stato proposto l'obiettivo di un'altra qualità d'essere, e io stesso ho potuto verificare personalmente la profondità del sonno ipnotico che mi sommerge. E proprio a un'altra qualità d'essere che io mi devo risvegliare. Come lo stato di coscienza ordinaria emerge d'un tratto dal sonno fisiologico occupandone il posto, cosi bisogna che un altro livello di pensiero e di coscienza emerga dal magma di pensieri associativi, sentimenti, moti e reazioni chiamati « io », e che almeno ogni tanto vi si sostituisca.

Sento interiormente il bisogno di questo risveglio e, pur non avendo un'idea molto chiara di ciò che in me si debba svegliare, mi rendo conto che l'attenzione e l'osservazione mi animano in modo tale da farmi muovere il primo passo in tal senso.

Ma come posso svegliarmi realmente? La prima condizione è quella di rendermi conto che sano addormentato e che di solito non me ne accorgo. Talvolta, attraverso le nebbie del sonno mi arriva un senso di nausea per l'oblio in cui sono perduto, ma tutta una parte di me ancora estremamente vitale si rifiuta, nonostante le altre l'abbiano già ammesso, di considerarlo un sonno ipnotico.

Io dormo perché m'identifico in lutto ciò che attira il mio interesse, la mia attenzione viene interamente assorbita dalla cosa che faccio, che dico, in presenza di cui mi trovo, che mi piace, che non mi piace o cui penso; esisto solo in funzione dello cosa, e per me in quanto essere, in quanto individuo che vive una propria specifica realtà, non provo il benché minimo interesse. Per risvegliarmi ci vuole un'altra qualità d'attenzione, rivolta nel contempo verso l'esterno e verso di me... ma la posso avere solo per brevi istanti.

Quando mi osservo, l'immagine che ho di me stesso, l'esigenza imperiosa che ciascuno dei mici personaggi mostri un aspetto lusinghiero della mia persona, il terrore del giudizio altrui, la « considerazione interiore » da cui non riesco ad astenermi, dimostrano la mia dipendenza da tutto ciò che mi circonda e che svia l'attenzione attiva verso le secche in cui resta incagliata Svegliarmi significa rifiutare l'immaginazione, le fantasticherie, le nebbie che si alzano dalle parti meccaniche della mia persona per invadere la testa troppo pigra, desiderosa soltanto di evitare lo sforzo di pensare autonomamente: la mente infatti preferisce riprodurre le immagini già confezionate che le altre parti le forniscono in occasione di quegli avvenimenti, veri o immaginari ma in genere piacevoli, di cui esse amano pascersi.

Svegliarmi significa smettere di mentire a me stesso, cioè non sostenere più, nel mio dormiveglia, idee contrarie a verità già intraviste, significa rifiutarmi di esprimere sia le emozioni negative che sorgono dentro di me, sin le parole emesse automaticamente dalla zona mentale in cui tutto » si pensa « senza sforzo.

Risvegliarmi significa tutto questo. Ma, Dio mio, com'è bello dormire!

All'ultima riunione A. ci fu proposto di osservare in che modo le influenze della vita contribuiscano ad appesantire il nostro sonno.

Noi siamo condizionati dalle influenze che la razza, il clima, la famiglia, l'educazione e l'ambiente esercitano su di noi, e la nostra personalità è in gran parte il risultato di questo genere d'influenze. Tuttavia ne esistono altre che sembrano venire da un altro mondo, e che ci arrivano frammiste alle prime sotto forma di tradizioni, di religioni, di miti, di arte, e che talvolta ci toccano così profondamente da scuotere il nostro sonno. Mantenerci aperti a queste influenze, significa sviluppare un'attrazione verso un livello più cosciente. Una condizione del risveglio è proprio quella d'imparare a distinguere i due tipi d'influenza, in modo da potersi ogni turno sottrarre al potere ipnotico delle une per sottoporsi all'azione diretta delle altre. Se l'uomo vi si applica con attenzione e perseveranza, sviluppa come risultato un polo d'interesse dotato di una forza particolare o, come dice Gurdjieff « un centro magnetico » che raccoglie intorno a sé le influenze della stessa natura.

Se il centro magnetico si sviluppa e acquista una certa consistenza, l'uomo comincia a cercare tutto ciò che può aiutarlo a nutrire la propria « vita interiore » e a raggiungere la « realizzazione ». In tal caso, chi ha la fortuna di incontrare una « scuola » o un uomo capace di guidarlo in quella direzione, si troverà soggetto a un terzo tipo d'influenza, un'influenza « cosciente », esente dalle contaminazioni che il secondo tipo accumula nel mescolarsi a quelle della vita. Solo le influenze del terzo tipo possono indurre la « Conoscenza ».

Alla mia domanda se le influenze che riceviamo qui sono del terzo tipo, A. mi ha risposto: « Spetta a lei scoprirlo; poi, quando ne saprà di più, dovrà anche imparare come si separa ciò che appartiene alle une da ciò che appartiene alle altre ».

Il pensiero e le funzioni psichiche cui esso dà origine mi avevano procurato finora i più intensi momenti di vita. Per quale motivo oggi il pensiero, anche se d'alto livello, mi allontana così sfacciatamente dallo stato di presenza a me stesso, e perché rappresenta l'avversario più temibile nella lotta per il presente?

A questa domanda, l'idea che l'uomo sia mosso da tre serie relativamente distinte d'impulsi, ciascuna emanata da una zona, che Gurdjieff chiama « centro », da cui partono i comandi, dà una risposta che ho potuto sperimentalmente verificare

Se quest'idea, con tutte le sue conseguenze, venisse presa in considerazione da alcune discipline odierne, probabilmente sarebbe più facile trovare una soluzione a problemi rimasti finora insoluti.

Ognuno dei tre « centri » - Intellettuale, Emozionale, Istintivo-Motore - è suddiviso a sua volta in tre « piani » governati ciascuno da una forza d'impulso che riproduce i caratteri specifici del tre centri medesimi, e cioè rispettivamente « intellettuale » per il piano superiore, « emozionale » (affettivo) per il piano intermedio, e « motore » (meccanico) per il piano inferiore.

Il « pensiero » che io utilizzo correntemente è quello prodotto dal piano inferiore del « centro intellettuale », piano che Gurdjieff chiama « apparato formatore ». Esso e uno strumento meraviglioso mente attrezzato che traduce in parole e in immagini le impressioni ricevute dai centri Ma il funzionamento dell'apparato formatore, la cui necessità e del tutto evidente, a poco a poco si è meccanizzato, vale a dire che, invece di limitarsi a esprimere e a dar forma alle impressioni in termini di « pensieri » secondo la sua funzione naturale, esso fornisce instancabilmente e automaticamente la propria interpretazione delle impressioni ricevute da tutti i centri. E le sue interpretazioni sono basate sul materiale registrato in precedenza nella propria memoria.

In seguito al modo disordinato e automatico in cui è avvenuta la registrazione e alla confusione che ne deriva, è ovvio che questo strumento, se promosso al ruolo d'interprete di tutto ciò che penso e provo, non può darmi una visione reale delle cose, anzi mi impedisce ogni vera comprensione. Il contenuto dell'apparato formatore, nel quale si sono accumulate e s'intrecciano le conseguenze dei vari eventi della vita e ogni sorta d'informazioni, costituisce il mio « sapere ». Per me, e per la maggioranza dei miei contemporanei, la « conoscenza » coincide con questo sapere, e ancora oggi « pensare » significa subire l'associazione casuale delle immagini che compaiono a casaccio nel l'apparato formatore, sulle quali mi attribuisco un potere di scelta e di decisione che in realtà non ho.

In questa forma automatica, il pensiero non può certo aver posto nella mia « presenza », perché la forza centrifuga che lo anima s'oppone al mio sforzo di essere per un attimo vivo e presente a tutto ciò che sul momento riesco a provare Infatti quando quella forza prevale, io ricado immediatamente in uno stato di totale dipendenza dalle manifestazioni ordinarie della vita.

A. ci spiega come ampliare il nostro campo d'osservazione, e ci propone uno studio più approfondito di quell'apparato formatore di cui siamo così spesso in balìa da confonderlo con la « nostra vita ».

Tale apparato, analogamente al centro intellettuale di cui costituisce il piano inferiore, si suddivide a sua volta in tre parti: intellettuale, emozionale e motoria. La parte intellettuale conserva la registrazione di tutto il materiale cognitivo necessario alla vita professionale, ed è la sede delle scelte operate in base alle varie influenze assorbite, cioè all'educazione, alla morale, ecc.: il che ci dà l'illusione di pensare e di avere una volontà. La parte intermedia possiede un certo carattere emozionale: curiosità, desiderio di un sapere puramente passivo, bisogno d'informazioni d'attualità o d'altro genere, interessi artistici, scientifici o politici, chiacchiere, conversazioni a ruota libera su argomenti alla moda, lettura di giornali, ecc... Infine, la parte meccanica ospita quel processo, praticamente ininterrotto, di reazioni automatiche alle impressioni del momento che occupa da solo quasi tutto il tempo della nostra vita.

Insomma, il piano inferiore del centro intellettuale possiede a sua volta l'intero armamentario dell'« intelletto » umano, e la maggioranza degli uomini finisce per non usare mai - o quasi mai - i due piani superiori.

Il mio rispetto per la persona « intelligente » che credevo di essere è assai diminuito... Purtuttavia esiste un'intelligenza che è ancora da risvegliare, e ogni volta che riesco a neutralizzare i vortici del pensiero associativo e a farle posto per un istante, sotto sotto la sento spuntare come una sostanza estremamente sottile. Mi ricordo di aver udito senza capire: « Impara l'intelligenza... ».

Da un po' di tempo abbiamo ripreso a studiare l'essenza e la personalità.

L'essenza è tutto ciò che fondamentalmente ci appartiene: tendenze, predisposizioni innate, morfologia, caratteri ereditari, insomma tutto ciò che determina il nostro temperamento. La personalità, invece, è tutto ciò che l'educazione e le cose apprese hanno fatto di noi le nostre manie, le nostre abitudini.

La distinzione non è sempre facile, e l'indagine inciampa spesso nel dubbio. Alla mia domanda se la personalità debba essere soggetta all'essenza, A. risponde che pian piano bisogna imparare a capire quale posto occupino entrambe nell'uomo meccanico e quale influenza esercitino l'una sull'altra.

Fondamentalmente, un uomo prima di nascere è una concentrazione dì energie provenienti da tutti i livelli cosmici, disposte secondo un ordine soggetto sia a particolari condizioni di tempo e di luogo sia alle influenze dei suoi supporti, cioè dei suoi genitori, anch'essi prodotti da condizioni e influenze anteriori, e cosi via all'Infinito.

L'insieme di tutte queste energie, combinate tra loro in base alle varie influenze, costituisce l'essenza dell'uomo che sta per vedere la luce. L'essenza contiene potenzialmente tutti i caratteri fondamentali che derivano dagli elementi e dalle condizioni della sua formazione. Perciò il suo divenire - il suo destino - fin dall'origine è limitato a un certo numero di possibilità connesse alle caratteristiche costitutive: e l'uomo, a seconda dei casi, subisce oppure sceglie coscientemente una di queste possibilità.

Dopodiché, l'individuo nato con un'essenza dalla natura e dalle possibilità evolutive ben definite comincia a svilupparsi secondo leggi a lui proprie, e tra i vari strumenti di cui è dotato, si stabiliscono mutui contatti, sui quali all'inizio il peso dell'essenza è determinante. A poco a poco gli scambi si moltiplicano, e siccome ne viene tenuta « memoria », ecco che si forma un sapere, ossia un certo materiale: la personalità.

Ma purtroppo oggigiorno l'uomo si sviluppa in condizioni cosi anormali che le influenze meccaniche della vita man mano si sostituiscono ai contatti autentici che accompagnano il normale processo di crescita, e ben presto la vita cosiddetta « cosciente » diventa solo meccanicità.

La personalità, in origine strumento indispensabile al servizio dell'essenza, ne diventa al contrario il padrone cieco e incosciente. Secondo l'ottima descrizione di René Daumal, « È come se la coscienza malata causasse una proliferazione cancerosa di momenti ».

Una delle prime conseguenze di questo stato di cose è che l'energia prodotta dalla fabbrica umana viene assorbita e spesa quasi interamente in contatti meccanici, e il normale processo di sviluppo dell'uomo - della sua essenza - subisce un arresto. Ciò impedisce il realizzarsi della « coscienza », perché essa si forma soltanto per azione delle forze superiori, disposte in modo che le reciproche influenze, accompagnate da uno sforzo consapevole da parte dell'uomo, creino l'opportunità di vivere simultaneamente a diversi livelli in caso contrario l'uomo fallisce lo scopo, e la sua vita si riduce ai contatti casuali tra i vari meccanismi della personalità.

L'essenza dell'uomo comprende una parte fondamentale, che in un certo senso permette di definirlo come uomo, e una parte soggettiva diversa per ogni individuo. Non esistono due essenze con le medesime proprietà soggettive, e la crescita di ciascuna dipende sia dalle condizioni di vita sia dalle forze latenti innate. Così, per esempio, il primogenito di una famiglia numerosa avrà un'essenza più sviluppata rispetto ai fratelli e alle sorelle. Tutti i figli, però, potranno essere ugualmente addormentati, o seguire invece una stessa ricerca.

L'essenza può vivere e svilupparsi su un certo piano indipendentemente dalla coscienza, ma un momento di coscienza si può avere solo se l'uomo, in quell'istante, è collegato direttamente all'essenza.

Un lampo di coscienza genera un lampo di comprensione. In quell'istante privilegiato, il sapere, o materiale, dell'uomo si confronta interiormente con le forze che animano l'essere Allora avviene una fusione, una specie di combinazione alchemica che produce la comprensione. Sulla base di uno stesso materiale, più la qualità d'essere al momento dato è elevata, più è profonda la comprensione.

La crescita dell'essenza è determinata in gran parte da questo processo.

Ma il sapere può anche restare tale senza mai trasformarsi in comprensione. In tal caso esso non è che materiale utilitario, mentre nell'altro è un nutrimento. Gurdjieff dice che l'uomo si mantiene in vita con tre diversi tipi di nutrimento: i cibi ordinari che mangia, l'aria che respira e le impressioni che riceve.

Se i primi due si possono dare per scontati, l'idea del terzo è più difficile da concepire.

L'uomo a ogni istante riceve numerose impressioni dal mondo che lo circonda: impressioni visive, sonore, olfattive, tattili, gustative, o di genere ancor più sottile. L'impressione è una forma d'energia che perviene all'uomo tramite i vari organi della vista, dell'udito, dell'olfatto, del gusto e del tatto. Quest'energia lo ricarica, ed è quindi un nutrimento. Nel mondo in cui l'uomo vive tutto e impressione, ed è così che egli riceve gran parte dell'energia di cui ha bisogno. Le impressioni sono la vita stessa, tutto ciò che s'imprime nelle memorie dei centri, tutto ciò che l'uomo dice, vede, fa o sente. Anche se l'individuo può entrare in contatto solo con una parte delle registrazioni, ogni evento resta impresso nelle memorie. Com'è facile immaginare, un uomo che non riceva impressioni non ha alcuna possibilità di esistere.

Possiamo considerare l'impressione sotto l'aspetto di influenza, di nutrimento o di memoria. La memoria rappresenta solo la parte accessibile delle impressioni, che è ben poca cosa rispetto alla massa d'impressioni ricevute. Le impressioni possono sfiorare appena le diverse parti dell'uomo cui sono indirizzate, oppure segnarle profondamente. Non è possibile classificarle o disporle in un ordine preciso: si possono solo vivere istante per istante. L'uomo sa che nel suo apparato intellettuale si è impressa una quantità inverosimile d'impressioni, e che tutto il suo sapere, tutto ciò che riguarda la vita ordinaria, compresa la conoscenza del proprio nome, è stato registrato lì. È un guazzabuglio incredibile pieno di cose inutili trasformate in materiale associativo.

Lo stesso si può dire del centro emozionale e del centro motore, anche se il fatto è meno evidente perché le associazioni intellettuali sono quelle percepite meglio. Le associazioni intellettuali, che l'uomo chiama « pensieri », avvengono tra impressioni registrate in precedenza, e sono il risultato di scontri o contatti casuali con gli elementi del materiale associativo preesistente.

Poiché le impressioni vengono recepite con atteggiamento passivo, la registrazione avviene in modo meccanico: di conseguenza, il materiale ricevuto molto spesso s'imprime in una parte casualmente disponibile cui non era destinato, e non fa meraviglia che venga rimesso in circolo in modo altrettanto casuale.

L'uomo viene al mondo come un foglio immacolato, e fin dal primo giorno viene colpito da impressioni di cui non conserva alcun ricordo: eppure sono proprio le prime a condizionare tutte le altre. Per l'uomo meccanico è l'inizio della tragedia, e tuttavia non può essere altrimenti di tutte le cose passive, egli è la più passiva, e fin dall'inizio non fa altro che accumulare impressioni. Chiunque si trovi davanti a un bambino dovrebbe ricordarsi di esser stato a suo tempo la stessa pagina bianca intatta, sulla quale man mano si sono impressi alla rinfusa ogni sorta di eventi, condizionando lo ricezione delle future impressioni. E un bel giorno, senza sapere ne come ne quando, ciascuno di noi si è trovato a dire per la prima volta « io ». Come sarebbe strano ricordarsene...

La cosa di cui è più difficile rendersi conto è l'implacabile sovrapporsi delle impressioni via via registrate che fanno dell'uomo adulto l'insieme più incredibilmente complesso d'impressioni accumulate le une sulle altre; d'altra porte, accanto alla sua attenzione e alla sua riserva d'energia, esse costituiscono l'unico patrimonio di cui l'uomo disposta a questo mondo. Ma invece di esserne il possessore, egli al contrario è posseduto da quell'ammasso informe che e la rete della sua meccanicità, o personalità.

E il fenomeno si riproduce secondo per secondo; egli si vede costretto a rispondere a ogni nuova impressione in entrata, ma chi risponde proviene sempre da quella massa informe che si chiama « io ». A ogni istante arriva una nuova impressione che provoca ancora una volta ciò di cui l'uomo non ha certamente bisogno, un'altra associazione automatica.

La nostra vita è una continua ricerca, cosciente o incosciente: anzitutto cerchiamo il pane, che è il primo nutrimento, e poi andiamo per il mondo in cerca di sempre nuove impressioni. Più l'uomo ha bisogno d'energia, più ha bisogno d'impressioni; in parte egli si rende conto che la sua vita non ha altro scopo, ma in pratica cerca soltanto qualcosa che lo ricarichi. Egli chiede di essere « agito », e lo è: succedono tante cose, incontra gente nuova e riceve continue impressioni.

L'uomo è totalmente succube di questo meccanismo implacabile, ma se inizia ad accorgersene ha qualche speranza di uscire da quella che davvero è la sua prigione. All'inizio della vita egli e passivo; in seguito, benché finga di essere attivo, resta sempre passivo, un po' perché non può fare diversamente, e un po' perché non gli è mai stato proposto nient'altro.

Se, nell'uscire dall'infanzia per entrare nell'età responsabile, l'uomo si rendesse conto che quel modo di ricaricarsi è proprio ciò che l'ha ridotto in schiavitù, potrebbe capire la natura della sua meccanicità e quanto ne sia personalmente complice. Tutti i vari ingranaggi funzionano sacrificando loro l'energia vitale. L'impressione, nel suo aspetto distruttore, è un'immagine esatta del mondo capovolto in cui l'uomo si trova a esistere, dove ciò che dovrebbe formarlo lo distrugge, e ciò di cui avrebbe un giusto e normale bisogno provoca una continua perdita d'energia. Ecco perché in certi casi l'uomo sente il bisogno di cambiare; ma che significa cambiare? Pur avvertendone l'urgenza, egli non si rende conto che il cambiamento dev'essere così profondo e totale da investire, almeno per qualche istante, tutti i suoi atteggiamenti e tutti i suoi processi interiori, liberando così quella forza nuova che è poi tutto ciò che gli manca L'uomo spende una quantità incredibile d'energia in processi superficiali, ma nel profondo non succede mai nulla: se egli ne prendesse coscienza, si troverebbe davanti la prospettiva di un lavoro interiore, cioè la possibilità di aprirsi a un'impressione davvero nuova e singolare...

Le parole di A. sono così piene e ricche d'idee nuove da destare un'attenzione che diventa percettibile in mezzo a noi come la forza di un campo magnetico man mano emergente. A. continua:

Noi consideriamo la nostra vita abbastanza normale, ma nel profondo sentiamo di non esserne interamente soddisfatti. Ecco forse perché siamo stati toccati da qualche strana impressione in veste di alcune parole o conoscenze diverse, un'impressione proveniente dall'esterno come tutte le altre, ma tale da imporsi con più evidenza. Noi l'abbiamo registrata meccanicamente in quella pattumiera che è il nostro mondo associativo ordinario; ma poi si è verificato un ignoto sommovimento, e qualcosa in noi ha finito per comprendere che bisogna fuggire l'oblio, e che tutti i nostri problemi sorgono soltanto perché siamo assenti a noi stessi, vale a dire perché dormiamo.

Se potessimo capire fino a che punto, all'esterno e all'interno di noi, tutto sia condizionato da quell'insieme di associazioni che dice « io » in nostra vece, forse riusciremmo ad accettare l'idea che occorrono molto tempo e molli sforzi per uscirne.

Ma non sempre abbiamo tanta chiarezza: sappiamo che bisogna lavorare, ma lo sappiamo confusamente e non ne vediamo il motivo.

Affinché qualcosa di più autentico possa trovarsi a contatto con le nuove impressioni, evitando l'interferenza del meccanismo ordinario che di solito si frappone, dobbiamo cercare con perseveranza di « scollare » da tutto il resto quella parte di noi che vuole sfuggire alla trappola

Che questa determinazione possa cambiare qualcosa sotto sotto lo sappiamo, ma non vogliamo ammetterlo perché ci richiede uno sforzo. Eppure, quando ci riusciamo, tutto cambia, a rispondere non è più il personaggio dalle soluzioni facili e dalla battuta pronta, ma qualcos'altro, un essere ancora molto debole e ignaro che suscita in noi un effetto davvero sconcertante.

Eppure, solo in quel momento si produce un fenomeno davvero reale; perché allora ci troviamo a contatto con l'autentico nutrimento che può far crescere la nostra essenza, quello cioè che può farci vivere anziché spingerci verso la morte. Tutti i giorni, più volte al giorno, ci sforziamo di ripetere la stessa esperienza. ma spesso si tratta solo di un vago tentativo o di una menzogna associativa. Se invece il fenomeno è autentico ce ne accorgiamo immediatamente, perché tutto cambia gusto e diventa nuovo e reale. Tuttavia passerà molto tempo prima di potersi nutrire in questo modo, prima di essere presenti, attivi e liberi. Solo a partire da quel momento - a venti anni o a sessanta, non importa - noi cominciamo a essere.

È un'esperienza che bisogna vivere. Le esperienze non vissute personalmente lasciano il tempo che trovano. Noi stessi dobbiamo scoprire la seguente verità: « Il mondo è reale solo quando io sono ». In tutti gli altri momenti, crescere e vivere non è possibile: la menzogna interposta tra il mondo e noi non può che ucciderci, il fardello che essa rappresenta è la morte dell'essenza, e noi possiamo solo restarne totalmente schiacciati.

Gurdjieff, tra le cose più profonde che ci abbia lasciato, ha detto un giorno queste parole: « L'uomo ha due possibilità, due e non tre: o mangiare o essere mangiato ».

Sonno, presenza, coscienza, tre stati che segnano la lenta ascesa dell'uomo verso la pienezza dette sue potenzialità. Tre livelli separati da uno spazio nel quale s'inserisce il mio sforzo interiore del tutto irrisorio.

Che cosa vuol dire essere presenti a se stessi, cosa significa con esattezza questa battaglia per il presente che va combattuta senza un attimo di respiro? Per me, essere presente alla vita significa capovolgere il mio atteggiamento di fondo. Prendere coscienza della realtà significa mettermi dietro lo specchio che me ne separa e che riflette la vita, e invertire la mia visione delle cose che la compongono.

Tale visione e così radicata, così abituale e cosi « concreta » che in un primo momento non riesco neppure a immaginarmene altre. Se mi affido a essa, sento che la vita mi scorre dentro come l'acqua di una sorgente, che ogni attimo e riempito da una certa somma di movimenti, di pensieri, d'impressioni provate o d'impulsi seguiti, e vivere significa assistere a questo processo come a una rappresentazione di cui sono al contempo spettatore e attore. Tramite il gusto che ne ricavo prendo parte alla vita sicché, senza il minimo dubbio, ho la certezza di « vivere »: vale a dire che, oltre ad avere la sensazione fisica della mia vita animale, sento di essere collegato tramite il pensiero e il sentimento ai vari processi che avvengono nella mia persona.

Ecco ciò che normalmente s'intende, con « essere coscienti ». Muovendosi in questa direzione, l'uomo può raggiungere il culmine del pensiero in campo sta spirituale che filosofico o scientifico, e conoscere stati che vengono definiti superiori perché esasperano e decuplicano le facoltà percettive ordinariamente accessibili.

Ma se gli si chiede: « Chi vede, chi sente tutto questo? » egli generalmente vi guarda stupito e risponde: « Ma...io ». E tanto gli basta, perché l'uomo in questione, avendo fatto l'inventario delle diverse tendenze e abitudini che l'« io » manifesta, presume con ciò di conoscere e di sapere egli stesso chi è.

Per me, essere presente significa accogliere i molteplici doni arrecati da ogni istante di vita fino a esserne colmato, anziché rispecchiarli passivamente o lasciarmeli rubare da ciò che in me vuole godere, giudicare e agire a prescindere dal mio consenso Essere presente significa far sì che quei doni nutrano e animino ognuna delle parti cui sono diretti, che restino a disposizione del punto immobile dov'è situata la fonte della mia vita, luogo intangibile e atemporale certo, ma senza alcun dubbio esistente. Essere presente significa veder apparire il trono vuoto che si trova dentro di me, affinché per un attimo vi s'insedi e regni LA COSCIENZA.

Richiamare le forze che s'irradiano verso l'esterno e che animano pensieri, emozioni e movimenti, e raccoglierle sotto lo sguardo dell'attenzione più sottile e più fervida, e il tentativo che ripeto più volte ogni giorno, e che talvolta mi porta a un nuovo equilibrio in cui la coscienza di me nutre al contempo il mio sforzo, la mia fede e la mia speranza.

« Ricordare me stesso » equivale a impormi lo sforzo che mi dà la sensazione concreta di essere sul momento « io, tutto intero qui dove sono, presente ». È il potere che talvolta m'è dato di percepire simultaneamente tanto la vita di ciò che in me agisce, quanto gli effetti della sua azione e la forza luminosa che ne ha coscienza. Significa, al di là delle parole, io, qui, ora. Ogni volta che ci provo, l'attivazione di questo potere provoca un'inversione della corrente d'energia che si scarica ininterrottamente nei processi automatici interni (immaginazione, identificazione, emozioni spiacevoli, attaccamenti d'ogni sorta), promuovendo una vera e propria conversione di tutto l'essere che per un istante mi sottrae al livello in cui vivo di solito.

Ma in che cosa consiste ciò che devo ricordare? E come avviene il ricordo? Dietro la realtà concreta cui mi sento già più vicino, permane qualcosa d'ignoto e d'incommensurabile. Che importa? L'obiettivo è ormai individuato, e per quanto possa essere maldestro il tentativo di perseguirlo, è un obiettivo che dà un senso nuovo alla mia ricerca.

IV

Un'alchimia di gesti e di sensazioni

Posso entrare al mio interno soltanto assumendo una posizione fisica corretta, senza la quale il mio sforzo si logora e vien meno: essa consiste in una verticalità assoluta della colonna vertebrale che mantiene gli organi interni e la testa lungo l'asse della forza di gravità. In questa posizione, ogni parte del corpo cessa di « pesare », e dunque di mobilitare quella parte di attenzione ordinaria che genera una sensazione molto grossolana per effetto della quale a lungo c'illudiamo di sentirci essere.

Infatti, quella particolare attenzione che circola liberamente ovunque, e suscita nella mia totalità una vibrazione chiamata « sensazione di sé », può essere adeguatamente mobilitata solo quando il corpo si sia rilassato in modo che ogni sua parte subisca esclusivamente l'attrazione della terra.

Allora diventa possibile sentire distintamente le due nature dell'uomo: quella appartenente alle forze più basse, e quella, misteriosa, collegata da un ignoto sentiero alla sorgente della vita.

Alla prima appartengono il corpo e tutti i processi psichici di ordinaria amministrazione, basta lasciarsi andare al solito funzionamento del pensiero, e lasciarsi invadere dalle gioie e dalle sofferenze quotidiane in tutte le loro varianti, per riconoscere senz'ombra di dubbio il gusto e la qualità delle cose terrene.

Ma se, abbandonando ogni pensiero e ogni immaginazione, io divento soltanto la vibrazione contenuta nel mio corpo vivo, corpo che allora posso contemplare come ne fossi distinto, subi- to mi trovo in un mondo contrario, collegato improvvisamente u un'altra sfera, soggetto ad altre influenze, e i moti abituali del desiderio e del bisogno di sapere perdono ogni consistenza. Anche questo è un mondo cui appartengo; e su di esso regna un pensiero nuovo, privo di forma, fatto di energia pura ma estremamente fragile.

Fra queste due nature e indispensabile stabilire un nuovo rapporto che rovesci completamente l'attuale situazione in cui « la vita » prende tutto per se. La natura inferiore dev'essere al servizio di quella superiore, perché la relazione di una cosa passiva rispetto a una cosa attiva non può essere che quella di servire.

Comincio a superare il rifiuto finora opposto a certi esercizi presentati da Gurdjieff quale forma essenziale del suo Insegnamento, e da lui chiamati « movimenti ».

Questa specie di ginnastica, nonostante l'impressione indimenticabile più volte provata nel vederla eseguire da un gruppo di allievi profondamente impegnati nella sua pratica, mi è sembrata a lungo una cosa di secondaria importanza, buona tutt'al più ad aiutare chi avesse mezzi intellettuali modesti... E naturalmente io non mi classificavo in questa categoria!

Per cogliere il potere di questi esercizi, o « danze », che il mio corpo, una volta liberato dall'inibizione impostagli da un'altra parte di me, era capace di eseguire in modo abbastanza soddisfacente, mi ci è voluta una pratica lunga e attenta.

E ancor più tempo mi ci è voluto per sentire fisicamente, concretamente, l'effetto della strana alchimia interna innescatami da questi « movimenti »; essi infatti aprono all'energia attiva circuiti ignoti, dissolvendo le barriere e rompendo gli schemi fissi che solitamente la ingabbiano.

I movimenti hanno molti aspetti. In primo luogo sono un esercizio di attenzione, Alcuni sono anche un linguaggio nel senso che, attraverso segni, gesti simbolici, posizioni o spostamenti, esprimono leggi cosmiche difficilmente accessibili per vie normali e, almeno per ora, al di là della nostra comprensione. Altri però sembrano chiaramente un mezzo per trasmettere ai livelli superiori dell'uomo una conoscenza che trascende la ragione, e per dare indicazioni, tramite una sorta d'alchimia di cui è possibile percepire gli effetti, sulla via che potrebbe consentirne l'approccio.

Agli inizi, l'esecutore non ha che da realizzare materialmente le posizioni e la sequenza dei gesti e degli spostamenti che compongono il « movimento » A questo livello, l'attenzione e interamente mobilitata al servizio delle parti che fanno scattare i vari gesti, la cui simultaneità o rapida successione costituiscono il primo ostacolo. Ma ben presto viene richiesto un altro sforzo: uno sforzo interiore di « sensazione di se » che viene prodotto, anche se a lungo in modo maldestro, dalla parte più sottile dell'attenzione. Nondimeno Questo duplice moto s'innesca, suscitando all'improvviso un indimenticabile sapore di libertà che immediatamente svanisce per costringerci a ritrovarlo di nuovo.

A seguito di quest'ulteriore sforzo, il comando del gesto passa dal livello mentale, in cui l'immagine del gesto è stata ormai registrata, a un livello più interno, animato da quella stessa attenzione vitale che genera la sensazione di se, in tal caso, il movimento non viene più fatto dall'esecutore, ma si fa per tramite suo, e allora tutto e diverso.

Ma finché la mente vuole fare il movimento, la sua incapacità a dominarne tutti gli aspetti impedisce un'esecuzione corretta: i gesti restano imprecisi, la loro sequenza e troppo rapida per lo strumento che normalmente li innesca, e il corpo sembra incapace di far fronte a sollecitazioni cui non è abituato. A complicare la situazione interviene allora la parte emotiva, e l'esecutore resta inchiodato al livello di esistenza ordinaria in cui le varie contrazioni provocate dalla vita meccanica costituiscono altrettante barriere alla circolazione dell'energia Di fronte a queste barriere l'energia si arresta e si disperde in tutte le direzioni, e il suo riflusso anarchico è uno dei fattori che causano l'assenza di contatto fra l'uomo e il proprio corpo.

Lo sforzo di attenzione su di sé, senza il quale i movimenti non potrebbero essere eseguiti o non sarebbero che una specie di ginnastica, induce una trasparenza che consente all'energia di passare attraverso il corpo in modo più corretto e di trovare i canali predisposti allo scopo, creando così una sensazione di benessere e di libertà caratteristica dei movimenti eseguiti nelle suddette condizioni. La medesima sensazione viene accresciuta dalla rapidità d'esecuzione dei movimenti, spinta talvolta ai li- miti del possibile per modificare i contatti che permettono gli interscambi d'energia.

La mente abbandona la presa, e al suo posto subentra un pensiero libero che controlla l'esecuzione dei gesti mantenendo l'attenzione sul corpo; questo fatto, abbinato a una diversa qualità di movimenti fisici, favorisce un funzionamento più positivo dell'emozione. Così per un attimo i tre centri si trovano ad agire simultaneamente allo stesso livello. Una delle conseguenze di ciò, per quanto secondaria, è quella di poter percepire sta l'energia specifica di ogni centro, sia le abitudini fisiche, mentali e ogni sorta di vezzi su cui in seguito sarà possibile esercitare un'azione in un senso o nell'altro.

Ma questo equilibrio è continuamente minuto dalla meccanicità che nei modi più subdoli s'insinua in ogni processo. Man mano che l'automatismo si accentua, ossia quando il movimento comincia a essere conosciuto, la parte d'attenzione necessaria a eseguire l'esercizio non viene più mantenuta, e lo sforzo si rivolge interamente alla sensazione di sé; oppure si insedia una sorta di piacere suscitato dall'armonia e dalla scioltezza dei gesti, e il sogno riprende. In entrambi i casi, il movimento perde il suo vero significato e va giustamente interrotto. Per ritrovare il significato originario, é indispensabile ricorrere a un altro esercizio che richiami di nuovo l'attenzione: e per il neofita, queste interruzioni premature sono l'aspetto più sconcertante dei « movimenti ».

Col passare del tempo, i movimenti riescono ad animare alcune parti da sempre impermeabili alla nostra percezione. Alle nebbie cui ci costringono l'attività mentale e il delirio dell'emozione, subentra un mondo nuovo, impregnato dalla strana « presenza » indotta dall'esercizio. E per l'ennesima volta si pone una domanda: che cos'è il movimento? Senz'altro uno dei suoi obiettivi e proprio quello di tenere sveglia una parte che, tutto sommato, si appagherebbe volentieri dell'animazione interiore cosi generata, mentre il fatto che la questione rimanga continuamente aperta, come fosse un'interrogazione vivente, finisce per attirarci verso aspetti più profondi e meno accessibili.

Noi sentiamo che quest'animazione è il risultato dello sforzo interiore che l'attenzione, la decontrazione, le posizioni e i gesti, nella loro sequenza e combinazione, ci inducono a tentare. Essa provoca in noi un rapporto di tipo nuovo col corpo, e il corpo acquista così una fluidità e una leggerezza non puramente fisiche, grazie alle quali può mettersi al servizio di quell'animazione. In tale stato particolare, il corpo diventa permeabile a tutto ciò che gli viene richiesto, acquisendo una gran libertà, accompagnata da una gioia che non è solo quella della funzione in movimento o di una parte più attiva del corpo, bensì e la gioia di tutto l'essere in stato di relativa presenza a se stesso.

Questa disponibilità degli strumenti più sottili apre la strada a un'altra influenza, a una forza più alta, recepita come un flusso d'energia che, sebbene ignorata, è sempre presente, e che adesso diventa percettibile, nutrendo le parti superiori capaci di aiutare l'uomo a proseguire sulla via della ricerca intrapresa.

Ecco perché i movimenti possono essere definiti danze « sacre » nel vero senso della parola: perché instaurano una relazione tra il livello normale della vita da una parte, e dall'altra un livello superiore sentito come un ponte di comunicazione col « divino ».

I movimenti hanno il potere di materializzare forze di tutt'altro ordine, un potere ben percepibile anche da coloro che non ne sono il veicolo; infatti l'esecuzione delle figure, che attivano per ogni sequenza particolari relazioni capaci di evidenziarne un certo aspetto, e il riscontro visibile delle forze che animano gli esecutori, sono carichi di un'influenza chiaramente avvertibile anche da coloro che assistono. Da una « classe di movimenti » ben preparata può sprigionarsi una sostanza la cui materialità, per quanto sottile, è percettibile a livello interiore allo stesso modo del colore e del suono da parte dei normali organi dei sensi.

Dal suddetto punto di vista, l'obiettivo di chi pratica i movimenti diventa la ricerca del modo di viverli, e la possibilità di viverli in quel modo. A questo livello, essi rappresentano un veicolo per accedere a un mondo raggiungibile in altre vie con la preghiera e la meditazione, ma è un veicolo che in questa via include e utilizza in modo del tutto peculiare l'intero appurato umano.

V

Shock e reazioni

Noi viviamo in un mondo di conflitti: la nostra vita oscillante urta senza posa nell'ostacolo delle reazioni altrui nei nostri confronti, e viene sballottata da una reazione all'altra senza che noi siamo in grado di attutire gli urti mediante una giusta comprensione dei fatti.

Di conseguenza, il nostro contatto con la vita è anzitutto un movimento automatico: noi reagiamo alle impressioni ricevute come se, allo shock dell'evento o agli atteggiamenti altrui, avessimo da opporre soltanto la nostra forza reattiva. Per mollo tempo ci riesce estremamente difficile raggiungere una presenza tale da poter osservare gli altri mantenendo un atteggiamento imparziale; e dunque si rende necessario riprodurre sperimentalmente il quadro naturale della vita affinché ciascuno, in condizioni accuratamente preparate e rese appositamente più semplici, possa esercitarsi a osservare gli shock e le reazioni suddette.

Invitati a partecipare a un lavoro comune, materiale o intellettuale, generalmente diverso dalla nostra professione, ci viene richiesto di compierlo osservando da una parte le nostre reazioni, e dall'altra le conseguenze provocate da uno sforzo interiore su noi stessi sia nei confronti del compito da eseguire sia sulle nostre relazioni reciproche.

È un'esperienza davvero curiosa. Dal momento che siamo al corrente dello scopo perseguito e pronti ad affrontarne gli ostacoli, ci viene da pensare che le cose si possano svolgere senza troppi conflitti, che sia facile osservare imparzialmente e senza moti passionali le forze che di solito ci trascinano negli antagonismi, e che riusciremo a evitare le cadute nelle emozioni negative, espresse o inespresse.

Ma quasi sempre non avviene cosi: la nostra natura più rozza ci domina totalmente, e la rivolta serpeggia ben più violenta di quanto dimostrino le semplici parole con cui cerchiamo di esprimerla in tutta franchezza. Scegliere il colore di una tenda, il disegno di un tappeto, decidere in quale ordine vada eseguito un certo lavoro, è sufficiente a mettere in discussione l'idea che abbiamo di noi stessi, evidenzia il dubbio degli altri sulla nostra capacità di farlo, deforma l'immagine che ciascuno ha del proprio posto e della propria relazione con l'insieme, col risultato di farci manifestare con le nostre tensioni abituali: chi con un'emozione straripante, chi con un'opposizione sistematica o con la volontà d'imporre il proprio punto di vista, ma tutti con la ferma convinzione di essere gli unici a esprimere in modo corretto l'esigenza del momento.

Nel laboratorio costituito da una serie di attività organizzate in tal modo, dietro una relativa calma, piuttosto insolita per un gruppo di persone impegnate in un lavoro manuale, e al di là della maniera apparentemente ordinata in cui si svolgono le cose, a poco a poco affiorano le reazioni più violente o più sottili e, all'interno degli apparati umani che sono stati ammessi dopo una sufficiente preparazione, si operano silenziosamente le più laceranti trasformazioni. Qui ci troviamo nel cuore del « lavoro », coinvolti sotto tutti gli aspetti, alle prese con le stesse forze materiali che incontriamo nella vita e che normalmente affrontiamo con cicca meccanicità.

Si apre così un mondo nuovo, un mondo in cui entriamo curvi sotto il rimpianto dei piaceri sacrificati, ma da cui ce ne andiamo portandoci dietro, mescolate tra loro, la sensazione dolceamara di una presunta libertà ritrovata e la vivida fiamma di una giusta speranza.

Ho appena concluso l'esperienza di un'intera settimana di attività insieme a un certo numero di compagni che hanno accettato di correre quest'avventura.

Primo giorno. Vengo assegnato alla squadra che si occupa delle provviste. Tutto è bello, facile, esaltante. La prospettiva di momenti intensi fa emergere dalle mie profondità le stesse parti risvegliate dai primi due anni di lavoro vissuti nell'Insegnamento, quando Gurdjieff era ancora vivo. E tuttavia non perdo di vista il fatto di essere qui per imparare a conoscermi come sono realmente nella vita.

Domenica. I negozi sono chiusi. Vengo assegnato alla squadra di aiuto alla cucina: organizzazione dei tavoli, approvvigionamento delle bevande, ecc.; la goffaggine che caratterizza la mia funzione motoria e l'assenza di ogni abilità manuale mi fanno confinare ai lavori più subalterni...

Dopo pranzo non posso impedirmi di manifestare un grande entusiasmo per l'impresa in cui siamo impegnati, e quanto io sia « saturo di buona volontà »; ciò che mi attira la risposta: « E dov'è quella cattiva? Aspetti qualche giorno, e vedrà dove finisce la sua "buona volontà" ».

Al pomeriggio, il lavoro materiale che mi è stato assegnato incomincia a pesarmi. Per accettare l'idea che non esiste un lavoro fastidioso, ma solo ciò che io sono rispetto al lavoro, ormai devo fare uno sforzo. Se eseguo il mio compito in modo automatico, a che serve essere qui? Devo continuamente ricordare me stesso, essere presente al lavoro che sto facendo per poter imparare che cos'è il fastidio che provo. Le occasioni di conflitto non mancano, ma se critico o se mi oppongo agli altri, è perché mi dimentico il motivo per cui sono qui. La parte di me che vuole affermare e imporre la propria volontà è quella più meccanica, ma qui io non posso permettermi di lasciarle dettare il mio comportamento.

Sono spossato da due giorni di lavoro fisico ininterrotto, cosa che in vita mia non avevo mai affrontato E mi tocca continuare ancora per cinque giorni...

Vengo assegnato definitivamente alla squadra responsabile dell'organizzazione domestica: pasti, cucina, spazzatura: ho per compagno un medico - anche lui poco idoneo ai lavori pesanti e visibilmente in difficoltà -: insieme dobbiamo preoccuparci di raccogliere i rifiuti e di trasportarli discretamente sulla strada al momento opportuno. Di tanto in tonto, secondo le necessità del momento, mi aggrego alle altre squadre: elettricità, verniciatura, pulizie.

La mia sortita tra gli elettricisti è di breve durata. Il responsabile è un ragazzo tranquillo e dolce: paradossalmente, la sua sola presenza, anche da lontano, basta per mettermi a disagio. Perché? Mi rendo conto che le sue caratteristiche sono quelle di un tipo d'uomo di cui ho inspiegabilmente paura. Ogni contatto con questo genere di persone mi è sempre costato qualcosa: beffe durante l'infanzia, e in seguito fastidi e baruffe. Eppure non ho nulla contro questo ragazzo; ma basta che mi si avvicini e mi parli perché io mi senta nello stesso tempo lusingato dal suo interesse e privato all'istante di ogni sicurezza e di ogni lucidità. Quanto si stupirebbe se venisse a sapere della mia paura!

Egli mi consegnò tutto il materiale necessario e mi chiede di fare un allacciamento provvisorio a partire da una certa presa di corrente. Non appena mi metto al lavoro, una scintilla mi scocca fra le mani, e i locali sotterranei in cui ci troviamo piombano nell'oscurità più completa.

Il responsabile, riparato il guasto, con poche inequivocabili parole, accompagnate da un sorriso sarcastico che io accolgo come inevitabile conseguenza dei miei rapporti con questo peculiare campione d'umanità, mi rimanda alla spazzatura, cui ritorno umiliato.

Ogni possibilità di sforzo svanisce, e mi occorre molto tempo per ritrovarne la capacità.

Poi, lentamente, il mondo creatosi tra quelle mura sin dal nostro arrivo riprende forma, e un mondo intermedio tra il livello della vita meccanica e quello del vero risveglio, un mondo in cui, malgrado le forze inespresse che vi ribollono, le relazioni acquisiscono una fluidità riposante e lo sforzo diventa più agevole.

Dopo il lavoro mi sento sfinito, ma appena ritrovo l'atmosfera comune non sento più la fatica. Eppure durante il giorno la stanchezza è sempre presente, e mi fa cogliere con più chiarezza l'insolita condizione che stiamo vivendo, di cui un aspetto è l'impossibilità di deporre, anche solo per un istante, il nostro fardello. Non c'è posto per isolarsi, siamo cosi numerosi che non esiste lo spazio per stare da soli. L'altro e sempre lì, con la sua fatica, la sua lotta, il suo raccoglimento o la sua identificazione, e può leggermi in faccia il giudizio sul suo comportamento come io posso leggere il suo nei miei confronti. Questo fatto crea un nuovo legame e un'amicizia diversa. Ma quante volte si vorrebbe essere soli, non fosse che per trenta secondi, e ritrovare l'amata schiavitù... Schiavitù verso quella ridda di abitudini, d'interessi e di pensieri automatici che, se messi troppo a lungo da parte, finiscono per pesare eccessivamente sullo sforzo di lavoro, e mi rendo conto che se non lascio spazio almeno per un istante alla loro forza attrattiva, la situazione diventa intollerabile.

Allora cedo, e subito qualcosa in me respira e gioisce come quando si cambia posizione dopo una lunga immobilità: i miei personaggi rispuntano, ritrovano il loro posto e occupano di nuovo lo spazio interiore da cui il mio lavoro li aveva cacciati. Ma non appena mi apro all'impressione che emana da tutti noi, esseri umani piegati dallo sforzo, le maglie della rete si allargano, e vengo riconquistato da quel nuovo gusto per la vita che è comparso dentro di me in questi ultimi giorni.

Quinto giorno. Qualcosa in me conta i giorni e non vede l'ora di tornare in libertà. Dov'è la mia « buon volontà »? Ecco che comincia a essere seriamente minacciata fin dalle radici, anche quando si manifesta più apertamente.

Si parla di una « nuova famiglia ». Tutte le domande riguardano ciò che a poco a poco sta venendo alla luce: la qualità del mondo intermedio in cui viviamo da cinque giorni.

A contenere e a reggere questo « mondo intermedio » che presto dovremo lasciare, si trova una catena di mani tese cui è possibile aggrapparsi e affidarsi, e che ci guida nell'osservazione attiva del nostro comportamento. Intanto però qualcosa s'impunta e cerca di evadere verso l'affascinante ipnosi della « vita ». La lotta si fa più dura, e dentro di me cresce la tentazione di piantare tutto in asso e di lasciarmi riprendere dal falso paradiso cui mi sono momentaneamente sottratto.

Ho scoperto la benefica distensione di una sigaretta fumata apertamente in tutta tranquillità per rompere la tensione di sei giorni di lavoro su tutti i piani. Non sono un fumatore, ma l'evento è delizioso, e « l'inverso della mia buona volontà » accetta di tacere solo perché sa che un'altra sigaretta l'attende.

Durante la giornata sono uscito a telefonare. Che curiosa impressione vedere per strada la gente indaffarata e assente come gli automi! Ho un solo desiderio: ritornare nel « mondo intermedio » dove noi siamo vivi, e ritrovare, pur con tutto ciò che mi costa, il lavoro e l'attenzione che danno consistenza e valore al tempo, che là scorre ricco, lento e fecondo.

È assai dura verniciare il soffitto nel locale della caldaia attraverso i tubi che s'intrecciano, e il mio corpo goffo e pesante ne soffre. Ho portato a termine il lavoro da solo, godendomi quello spazio pur così ristretto e un silenzio per una volta non condiviso. Il soffitto di quel locale resterà un bel momento della mia vita...

Ho collaborato a sistemare il soffitto della sala dei « movimenti », e poi mi sono messo a scrostare le macchie di cemento che hanno inzaccherato i gradini della scala di pietra destinata ad accedervi. Mi sono impegnato a eseguire questo lavoro con la massima cura e a non lasciare la minima traccia di sporco, nemmeno dello spessore di un capello. Un compagno momentaneamente inattivo si è offerto di aiutarmi, e ho provato l'impressione che volesse rubarmi qualcosa. In realtà ci troviamo insieme sotto lo stesso tetto, in questa casa, dove tutto si svolge in modo diverso e dove tutto alla fine si risolve nel modo più semplice del mondo - almeno per me - poiché ognuno, al momento buono, trova il posto e l'atteggiamento che più gli si addice. Percepisco in me una densità diversa, che cambia secondo il lavoro compiuto e il peso di coloro che lavorano al mio fianco. Avverto in profondità conflitti latenti, ma la pressione di cinque giorni di sforzi m'impedisce di lasciarli venire a galla.

Ultimo giorno di lavoro effettivo. Qualcosa sta per finire, e noi tutti tra poco ritorneremo alla solita « vita ». Dolorosamente mi sale dentro il rimpianto per ciò che mi tocca lasciare. Sento anche con forza la parte di me che sta per ritrovare il ritmo della vita ordinaria.

Ne parlo all'ora di pranzo, quando fioccano molte domande, ed esprimo con determinazione e con giusto sentimento « la mia sofferenza per essere ciò che sono ».

Ritorno. Gioia di ritrovarmi a casa. Eppure non son più lo stesso. La « vita » non ha mantenuto le sue promesse, e il piacere delle cose vissute senza sforzo non è stato poi cosi grande come poteva sembrarmi « laggiù ».

Il gusto del mondo intermedio m'impedisce di « dormire ». Lavoro interiore, movimenti, attività: tre stadi successivi dell'uomo che cammina sulla via cui questo Insegnamento conduce. Partendo da un intimo confronto con se stesso, l'uomo in cerca della propria coscienza a poco a poco va incontro alla vita e l'integra in una nuova comprensione. Le attività costituiscono una tappa, l'ultima forse, prima della grande avventura dell'uomo che, pur vivendo la vita di tutti i giorni, è presente a se stesso.

Nelle attività si possono introdurre tutti gli aspetti della vita, ma ciò va fatto per gradi, perché l'inerzia che essi generalmente oppongono allo sforzo dell'uomo al lavoro va dosata in modo da essere un elemento di resistenza perfettamente adeguato al livello di ogni individuo.

Il nostro gruppo sembra pronto a un nuovo sforzo, e A. ci aiuta a realizzarlo. Si tratta di preparare una casa per le attività riservata al gruppo medesimo. I lavori più impegnativi saranno al contempo il supporto della nostra ricerca. Fin dal primo giorno, una trentina di noi sentono profondamente la ricchezza di questa nuova esperienza, ed è con un sentimento assai positivo che ci troviamo riuniti tra le ginestre in fiore in un caldo multino di primavera.

La frenetica vita meccanica, non lontano da noi, ci arriva attraverso il continuo rumore delle automobili lanciate in lunghe file sulla strada che serpeggia ai bordi del nostro terreno, rispettando però il cerchio di vegetazione all'interno del quale noi ci sentiamo protetti; una combinazione che sembra lì apposta per ricordarci che in noi esiste un'analoga contraddizione tra la linea continua di un bisogno ben evidente, e il movimento eccessivo delle nostre funzioni che trascina verso il mondo ordinario un sentimento sempre più degradato.

Questa prima giornata si rivela estremamente ricca. Immersi in un ambiente naturale che noi, in gran parte cittadini, abbiamo dimenticato, ci lasciamo andate al libero gioco delle nostre funzioni motorie e alla gioia del movimento prodigato con generosità. Il duplice scopo è più presente che mai: realizzare una struttura esteriore il più possibile aderente alle necessità del momento, e restare svegli per vederci in azione, tesi verso la mèta particolare che ci è stata assegnata.

Ormai stentiamo a riconoscerci. Alcuni di noi hanno lasciato cadere quasi interamente la maschera abituale, e ognuno sente attorno a sé la presenza dell'interesse attento degli altri, un interesse che sopprime la fretta e le parole inutili, favorendo un mutuo rispetto che sa di vera amicizia e crea una confortante atmosfera di calma che tutti abbiamo avvertito.

Eppure, proprio per questo motivo, già sentiamo spuntare la molle sonnolenza che potrebbe deliziosamente avvolgerci a nostra totale insaputa.

Incapaci ancora di sottrarci ai moti inesorabili del nostro sentimento trascinato oro in alto ora in busso, noi sappiamo che dopo la pace di oggi verrà il tempo dei conflitti e degli scudi levati gli uni contro gli altri: ossia quel crogiolo di sofferenza necessario allo sviluppo di ciò che abbiamo intrapreso.

Non siamo affatto guariti dall'illusione di credere in un domani glorioso in cui sarà tutto più facile... È una convinzione così radicata, così identificata alla « speranza » senza cui la vita sarebbe soltanto un oscuro passaggio, che non siamo in grado di privarcene a lungo. Ma anche la speranza ha diversi livelli perché spesso la mescoliamo a quei sogni a occhi aperti di cui siamo talmente soddisfatti da lasciarci incatenare all'irrealtà: e così la speranza si fa complice del nostro servaggio.

Solo « la speranza della Coscienza è forza ».

VI

Alcuni atteggiamenti da mettere in discussione

Dovrei sforzarmi di preparare con cura le riunioni organizzate per approfondire le idee dell'Insegnamento. Troppo spesso mi affido sul momento al peso dell'incarico che mi è stato assegnato, col risultato di trovarmi costretto a seguire la corrente dei problemi sollevati dagli altri anziché stimolare e dirigere la discussione secondo un piano prestabilito.

So perfettamente che, se mi preparassi, le riunioni avrebbero tutt'altra densità, e i risultati sarebbero di gran lunga migliori. Ma, oltre al tempo, me ne mancano soprattutto le condizioni. La mia mente è cosi pigra da cogliere ogni occasione per sottrarsi al proprio dovere, e io non approfitto mai abbastanza dei momenti di libertà o dei tempi morti passati in viaggio per lavorare; talvolta mi abbandono per ore a letture idiote che interessano soltanto una parte di me. Devo decidere un taglio netto, o dare a ogni parte il suo nutrimento? Un atteggiamento eccessivo in entrambi i sensi sarebbe ugualmente sbagliato.

Perché la mia mente si decida a svegliarsi, ho bisogno di trovare una sistemazione comoda, accettabile, abbastanza silenziosa, e soprattutto di non subire alcuna forma di pressione. Una volta riunite queste condizioni, devo ancora ottenere il consenso della funzione emozionale che di solito è occupata dai propri interessi e fermamente intenzionata a non trascurarli. Insomma, mi riesce difficile trionfare degli ostacoli accumulati, ogni volta che si rende necessario: eppure questo è il mio compito, il mio modo di pagare.

Per noi, studiare non significa solo, come normalmente succede, aggiungere altro materiale a quello già acquisito al fine di accumulare più nozioni, Nel nostro caso, abbiamo spesso bisogno di fare appello alle qualità più elevate dell'intelligenza sostenuta da una logica intuitiva capace di ottenere i migliori risultati in tutti i campi. Ma il processo che ne risulta segue ugualmente la via del pensiero associativo, e a ogni passo subisce inconsciamente l'influenza non soltanto delle ipotesi dovute a materiali preesistenti, ma anche di un'infinità di fattori soggettivi come, per esempio, la particolare disposizione emotiva in quel momento, il contesto orientato in maniera occulta da un insieme di idee che si trovano per caso « nell'aria » in quell'epoca, ecc. Ecco perché, nonostante i nostri sforzi, una riunione di studio si disperde continuamente in molte direzioni diverse, determinate dal filo associativo che ogni partecipante segue per conto proprio; e affinché il lavoro svolto possa raggiungere qualche risultato, bisogna che una mente più vigile si preoccupi continuamente di riportare la discussione al punto essenziale.

Per studiare, bisognerebbe anzitutto diventare capaci di un certo grado di discernimento e d'imparzialità, bisognerebbe poter scartare senza esitazioni l'influenza dei fattori soggettivi che abitualmente condizionano il nostro giudizio, e lasciar emergere solo gli elementi che abbiano un'intrinseca relazione con l'oggetto, escludendo ogni azione suscettibile di condizionare gli aspetti secondari della nostra persona. Quest'esigenza richiede un'imparzialità eroica, tale da sacrificare senza pietà tutte quelle preferenze che sono tanto più nascoste quanto più sono il risultato di antichi processi il cui sottile funzionamento sfugge a ogni esame e sembra irrefutabilmente appartenerci.

Solo così può cominciare un vero lavoro, compatibile col libero gioco delle funzioni, animato dal supporto dell'attenzione e sostenuto dalle forze vive dell'essere. Il confronto fra i diversi materiali proposti diventa più agevole, e sorge una comprensione i cui risultati s'imprimono su memorie sgombre, ripulite dalle ombre lasciate in precedenza da anni di vita meccanica. Cosi può svolgersi liberamente il processo intellettuale, e lo studio progredisce nel senso di una giusta evoluzione che si trascina dietro l'adesione entusiasta del sentimento. Tutto diventa più facile, e persino lo sforzo è meno gravoso.

A. ci spinge a un primo approccio di quell'immenso problema che si chiama responsabilità.

Che cosa significa essere responsabili? Ognuno è responsabile di ciò che ha di vero in se, delle proprie autentiche qualità. Sul piano della vita esteriore si può essere responsabili solo in relazione a un'altra persona. Per esempio, io sono responsabile della mia azienda riguardo a coloro che ne traggono un'occupazione, un modo di guadagnarsi il pane.

Ma oggettivamente sono responsabile? Non mi sembra: lo sarò soltanto quando potrò comprendere e dominare determinati elementi del mondo in cui vivo e cui appartengo. Per l'uomo, questa responsabilità più « oggettiva » sarebbe un dovere elementare; eppure è estremamente difficile capirne il significato, e persino concepirne l'idea.

Siamo responsabili della nostra meccanicità? Certamente no, ma ne diventiamo responsabili nel momento in cui cominciamo ad accorgercene con una certa chiarezza. Più cresciamo, più diventiamo responsabili. Vivere in maniera automatica significa essere irresponsabili, perché i vari « io » che agiscono di volta in volta non possono avere alcuna responsabilità.

Siamo responsabili solo di ciò che abbiamo compreso.

L'autorità è considerata generalmente un potere che impone una disciplina.

Certi uomini sono investiti d'autorità, sia perché designati da altri ad occupare una posizione che ne comporti l'esercizio, sia perché intendono utilizzarla arbitrariamente a fini personali più o meno giustificati, oppure perché dotati di certe forze visibili o nascoste che li fanno riconoscere idonei al potere di comandare o di consigliare.

Nel corso di una stessa giornata, mi capita di trovarmi successivamente in ciascuna di queste posizioni, e mi tocca ammettere che in generale intendo valermi del potere nel modo più errato, affermando nei confronti degli altri un'autorità basata esclusivamente sulla cosa che mi abita in un dato momento. Questo atteggiamento m'impedisce di valutare sia il contesto generale in cui la cosa è inserita, sia la posizione degli altri in rapporto alla cosa stessa e a me.

La vera autorità non si afferma con la forza. L'autorità dev'essere il risultato della disciplina che l'uomo impone a se stesso per mettere ogni cosa al suo posto: il pensiero che confronta e sceglie la forma, il sentimento che contiene e lascia passare l'esatta quantità di energia necessaria a dar calore alla parola affermativa, l'atteggiamento stesso del corpo che controlla il gesto, le inflessioni e il tono della voce. La presenza, e una relazione più stretta con la vita interiore, sono gli unici elementi su cui può poggiare l'autorità al fine di esercitarsi validamente e di essere giustamente riconosciuta.

L'idea di autorità è inseparabile dall'idea di educazione. Quando si tratta di esercitarla sui bambini, l'autorità prende spesso le forme negative della collera reale o simulata. Nel caso in cui non si vedano alternative a questa forma cosi frequente di pressione, si deve forse rinunciare a imporre una regola, una disciplina? Ecco il grande problema dell'educazione, problema di fronte al quale la nostra comprensione ancora latente di una realtà infinitamente più complessa ci lascia quasi del tutto inermi. Nella nostra epoca sono stati fatti parecchi tentativi, con esito anche positivo, per risparmiare ai bambini particolari forme di « educazione », tentativi basati generalmente sullo studio del comportamento infantile in ambienti e condizioni determinate, tradotti poi in « metodi » destinati a evitare alcune conseguenze manifestamente nocive. Senza disconoscere la necessità di interventi in questo senso, per noi il problema è esattamente l'opposto. Ciò che occorre cambiare non sono tanto le condizioni ambientali esterne, che pur non sono trascurabili e talvolta persino determinanti, quanto il contesto umano in cui si pone il problema Ma è ben difficile capire come sia possibile cambiare qualcosa finché gli uomini continueranno a vivere in un mondo immaginario, parallelo a una realtà ignorata, al quale attribuiscono paradossalmente le caratteristiche di quella stessa realtà.

Al bambino che, invece, non è ancora addormentato, gli adulti generalmente non sanno offrire altro che una serie di sentimenti contraddittori espressi da un pensiero meccanico. Istruire significa anzitutto conoscere, poi valutare e infine decidere. Il vero educatore dovrebbe essere un uomo che sa ciò che vuole e perché lo vuole, che si ricorda continuamente l'obiettivo prefissato e i metodi necessari a raggiungerlo. Solo un uomo vicino alla « coscienza » è in grado di adempiere una funzione cosi difficile.

La dispersione. Fissare a lungo il pensiero in una determinata direzione mi è altrettanto impossibile che mantenere incrollabilmente una decisione senza vederla vacillare a ogni momento. Se decido di comportarmi in un certo modo con una certa persona, mi basta pochissimo per esserne distolto e ritrovarmi con un atteggiamento diverso.

In me vi sono forze che mi travolgono irresistibilmente. Eppure sembra facile - è facile - fissare il pensiero su un determinato argomento, Basta tuttavia che io interrompa lo sforzo per un secondo o una frazione di secondo perché tutto cada.

Per un altro verso, se decido di fare una certa cosa o di portare a termine qualche progetto, man mano mi accorgo che il mio desiderio o la mia convinzione sull'utilità del progetto si vanno attenuando, oppure che eventi imprevisti hanno finito per costituire un ostacolo tale da privarmi della forza di continuare. Ciò che chiamo « volontà » è una cosa assai fragile, e basta un soffio di vento perché si disperda. In pratica, non ho alcuna volontà. La vita mi dà l'illusione della continuità e di un certo grado di realtà solo perché io sono portato, guidato e mantenuto in una certa direzione dalle necessità impostemi dalla professione o dalla famiglia, direzione che io seguo come un ubriaco, sballottato dai miei desideri, rifiuti e contraddizioni. Ma di tutto ciò, che cos'è mio?

Che cosa sono io? Due domande cui è ben difficile rispondere. In realtà, io mi limito ad assistere all'esplosione di processi psichici che poi si manifestano attraverso di me provocando l'anarchia e il caos. Eppure, in alcuni rari momenti, è possibile stabilizzare qualcosa: quando seguo un ragionamento intellettuale o lo sviluppo di una teoria scientifica o filosofica, le esplosioni cessano per un istante. Come mai? Perché è spuntato un interesse cosi forte da sostenere il passo del mio pensiero. Due diverse parti di me, due qualità d'essere per un istante si sono riunite, e tutto è stato diverso.

Ma non appena l'interesse svanisce, per rispuntare magari più tardi, torno a essere il solito uomo assente a me stesso, posseduto dai sogni e dai movimenti automatici di quell'apparato formatore di cui sono succube per il resto del tempo.

Un lavoro di osservazione di sé dovrebbe iniziare proprio da questa dispersione. Devo accettare l'idea che la causa della dispersione non è la vita esteriore; essa ne e solo il pretesto, ma la causa è dentro di me, e a poco a poco devo trovarle un volto.

Come sarebbe facile, se non scordassi continuamente che ogni attimo della vita è una vetta che non riesco a raggiungere!

Sto scoprendo in me una zona che non avevo mai esplorato. È una parte calma, al riparo dalle tempeste emotive; quando non succede nulla, tutte le altre mie parti la lasciano regnare indisturbata. Forse proprio per questo e sempre sfuggita a ogni indagine: perché la sua realtà senza problemi appare cosi evidente da non suscitare domande.

Ma un giorno ho visto che proprio l'assenza di problemi era un problema. Ed è stato molto difficile entrare in questa zona che, pur senza nascondere nulla, mi è parsa l'ultimo rifugio delle forze che mi abitano ordinariamente, quelle stesse contro cui, da più di dieci anni, un'attenzione che si vorrebbe impietosa e un livello di comprensione via via crescente hanno ingaggiato una lotta senza quartiere.

Tutto ciò mi ha aiutato a capire la sincerità. Uno dei grandi motivi di meraviglia da quando mi interesso ai problemi psicologici di alcuni miei simili, e l'estrema diversità di contenuti che ciascuno attribuisce a questa parola, in base alle proprie qualità e al momento in cui si pone il problema.

Al di là dell'accezione corrente del termine e delle diverse forme che esso può assumere, per me la sincerità è una qualità che richiede una chiara visione degli elementi che costituiscono lo stato del momento, visione che però a ogni passo incontra dei limiti. Io posso essere veramente sincero solo quando conosco. Ma se la visione globale, vivente e indubitabile che caratterizza la vera comprensione viene a cessare, non posso più garantire che il mio sforzo di sincerità, nel momento stesso in cui qualcosa in me rifiuta di lasciarsi andare, non venga interrotto da considerazioni soggettive legate a certi attaccamenti.

In molti casi è possibile essere sinceramente sinceri, ma è molto raro esserlo interamente: infatti la menzogna residua - in tal caso un rifiuto incosciente di sincerità - appare come l'espressione convinta della verità.

La mia sincerità si ferma al bordo esterno di ciò che io accetto di essere. Nel momento in cui tocco una certa zona, si chiude una parte di me ancora incapace di sottomettersi al fuoco crudele della coscienza, e la sincerità del mio sforzo diventa solo teorica, priva di forza, una menzogna camuffata da verità.

C'è stato bisogno che il gusto a me noto di sincerità s'interrompesse bruscamente a livello di una zona che supponevo conosciuta, perché s'aprisse un po' di più il campo della ricerca, e perché fosse verificata ancora una volta la legge, inesorabile per ogni pellegrino in marcia, secondo la quale il traguardo sembra allontanarsi a ciascun passo in avanti.

E questo semplicemente perché la mia ingenuità e miopia interiore fanno sì che io scambi il riparo posto al termine della tappa per l'immaginaria meta finale...

Oggi dentro di me la gioia di essere è una superficie tranquilla e imperturbabile. Quando « io sono », la mia vita è interamente colma di questa sola presenza: è, senza soggetto né complemento, rivolta soltanto a se stessa, alimentata dalla propria sostanza, completa e autosufficiente.

Messo da parte ogni sentimento, cancellato ogni pensiero, insensibile al mondo apparente, questa gioia di essere risponde al richiamo che nasce dentro di me dallo sforzo strappato con grande fatica alla mia vita oziosa. Gioia pura e luminosa, riflesso della coscienza profonda, essa mi viene in aiuto proprio quando, giunto al ciglio della china da cui sempre più rapidamente il mio corpo precipita verso la morte, mi sento vincere dalla debolezza. Sarà una ricompensa, o un segno per indicarmi la strada su cui troppo spesso mi perdo?

Per quanti sforzi reali io faccia, sono altrettanti quelli che sogno: domani è la conquista, domani è la vittoria, l'arrivo glorioso al cuore della Conoscenza, il trionfo della gioia più pura. Da anni ascolto questa voce bugiarda cui non ho ancora smesso di credere. No, domani è l'oggi ripetuto, domani è un altro domani altrettanto vanamente atteso, domani è ancora il sonno, domani è la morte... La coscienza, se bandita dalla vita attiva, resta sepolta nel più profondo dei sogni. Che cosa ho fatto davvero per risvegliarla? Lo sforzo, perdendosi nei meandri di un pensiero fiacco e di un sentimento strattonato da tutte le parti, si ferma là dove inizia la sofferenza. Vi sono dei limiti che non ho alcuna intenzione di superare, mentre è evidente che solo al di là comincia l'attrito che potrebbe cambiare ogni cosa. Devo accettare questa sofferenza, ma anche illuminare il campo di battaglia affinché un interesse complice venga a sostenere la mia ragione, indebolendo al contempo la tendenza naturale a rifiutare ogni sforzo cui il mio sentimento abbia negato il suo appoggio.

E mentre a poco a poco questa gioia, apparsa come un fiore selvaggio in mezzo a erbe folli, si dissolve nel mondo abituale, mi nasce dentro una nuova volontà che giuro a me stesso di rispettare: sarà una volontà abbastanza forte da coinvolgermi per intero, o il giuramento è destinato a finire come quelli che soltanto l'ebbrezza e l'amore son capaci di farci prestare?

L'amicizia è tutt'altra cosa che quell'affinità di gusti e di abitudini su cui l'uomo fonda ogni relazione più o meno facile e piacevole che risponde al confuso bisogno di una presenza umana simile alla propria.

Basta che una persona scopra in un altro un gesto, una parola o un atteggiamento capaci di destarle un interesse positivo, perché essa manifesti a sua volta un sentimento tutto particolare che talvolta le ritorna come un'eco arricchita da vibrazioni della stessa natura. In tal caso, se è convinta che dallo scambio così vissuto sia assente ogni impulso sessuale, quella persona chiama « amicizia » il sentimento provato per l'altro e dall'altro ricambiato.

L'amicizia, come ogni autentica proprietà umana, si manifesta ai vari livelli esistenti nell'uomo. Molto spesso si ritiene che essa appartenga quasi esclusivamente al piano delle manifestazioni ordinarie vissute senza sforzo. E tuttavia viene un momento in cui l'uomo, data l'impellente revisione dei valori di fondo del proprio patrimonio ordinario, è costretto a gettare nel gran mucchio degli impulsi automatici larga parte degli attaccamenti più strani che vanno sotto il nome di amicizia.

L'uomo, a mano a mano che avanza verso un'effettiva conquista di se stesso, scopre che l'amicizia è il contatto tra una propria zona profonda e l'analoga parte emersa nell'altro, e a poco a poco capisce che la qualità dell'amicizia non dipende solo da una certa affinità d'interessi, ma piuttosto dalla comparsa di un impulso proveniente da un altro livello che entrambi gli amici ritengono essenziale alla propria vita. Questa scoperta, se espressa quando tende a manifestarsi, fa nascere tra coloro che sanno riconoscerla un sentimento comune il cui gusto esaustivo li attrae irresistibilmente.

E così, senza esserne ancora coscienti, costoro oltrepassano la linea di separazione tra ciò che si chiama « amicizia » e l'amore, l'amore per l'umano, che appare solo quando si raggiunge un livello più profondo e più vero di sé. Un amore la cui fioritura è legata a quell'insieme di condizioni che permettono a più uomini di comprendere e sentire le stesse cose nello stesso modo, e di avere il medesimo interesse nel ricercarle ininterrottamente. Un sentiero aperto verso l'impossibile « amatevi gli uni con gli altri »...

Mi sono soffermato su questo argomento perché da qualche tempo in qua mi sono accorto che in certi momenti i miei compagni di lavoro diventano per me degli amici, il suono della loro voce mi smuove dentro la stessa sostanza vivente che percepisco nei momenti migliori, aprendo la porta a un ardente flusso d'amore per quel prossimo che essi sono per me.

Un amore, ahimè, che svanisce non appena varcata la porta...

VII

Il lavoro

Questo Insegnamento è una scuola. Non una scuola per imparare ad aumentare le proprie conoscenze, per acquisire una certa attenzione o sviluppare le proprie funzioni, come farebbe una scuola qualsiasi. È una scuola per cambiare, per diventare diversi; un cambiamento però che non riguarda solo il modo di comportarsi o un migliore uso delle funzioni, bensì un cambiamento dell'essere.

Una scuola che insegna ciò che non si può trovare nei libri o nell'esperienza della vita ordinaria; una scuola che sottopone a un punto di vista e a un lavoro del tutto peculiare i materiali costituiti dall'accumulo d'influenze provenienti sia dalle tradizioni e dalle religioni, sia dalle forze coscienti che hanno prodotto la filosofia, la scienza, l'arte e i valori essenziali dell'uomo. Grazie a questo lavoro, diventano percettibili alcune influenze confusamente intraviste che, dirette in modo appropriato verso il punto in cui si esercita il nostro sforzo, arricchiscono il materiale d'esperienza necessario a un progressivo cambiamento dell'essere.

Enumerare gli aspetti del lavoro effettuato in questa scuola, non darebbe un'idea esauriente della funzione e della natura della scuola stessa. È il lavoro che ciascuno vi svolge a conferirle un livello e una qualità. Nel caso in cui chi da l'informazione e chi la riceve abbiano entrambi una certa comprensione del lavoro, delle sue esigenze e del piano su cui si fonda, e siano entrambi capaci di un suo apprezzamento, ossia di un giudizio meno soggettivo sui suoi metodi e sui risultati previsti, ecco che allora diventa possibile un vero lavoro, e la scuola adempie la sua funzione che è quella, tra l'altro, di provocare una crescita dell'essere.

In tal coso, tra le forze nate dallo sforzo interiore e quelle contenute nelle idee inizia uno scambio reale, e si opera una fusione tra le forze coscienti di cui le idee sono l'apparenza sensibile e l'apparato umano aperto alla loro azione Gli esercizi appositamente studiati per favorire questi scambi, e le particolari condizioni in cui l'allievo si trova deliberatamente inserito, sono i mezzi che la scuola utilizza per aiutare l'uomo a compiere quel lavoro senza i cui risultati egli non può diventare diverso da ciò che è.

Senza uno sforzo sostenuto da tutti a tutti i livelli, sforzo che non è una semplice attivazione di funzioni, ma un vero travaglio capace di mettere in gioco ogni sorta di processi di scambio tra i sistemi di forze interne ed esterne all'uomo, l'Insegnamento di Gurdjieff non sarebbe una « scuola » nel senso che egli intendeva. Ecco perché lo stesso Gurdjieff ha definito Lavoro, che è un atto per strappare a se stessi lo sforzo capace dì produrre un risultato, quell'insieme di idee che egli ha riattualizzato per noi, quella scienza dell'uomo e quell'arte di vivere di cui ci ha mostrato il cammino. E cosi viene ancora chiamato da coloro che si attengono alla sua disciplina liberatoria.

All'inizio il ricercatore lavora per se e su di se: osservazione e studio di sé, tentativi di sopprimere o almeno attenuare le manifestazioni più meccaniche della vita. Su questa linea di lavoro egli riceve informazioni, idee e impressioni che appartengono a un altro livello.

Ma se il ricercatore non lavora contemporaneamente su una seconda direttrice, cioè con altri e per altri, è impossibile che ottenga risultati concreti. In questa seconda linea di lavoro, le difficoltà provocate dalle reazioni altrui e la frizione che ne risulta producono alcuni shock senza i quali il ricercatore non potrebbe superare certe barriere. In questo caso, egli non soltanto riceve ma dà, contribuisce con la propria comprensione delle idee, aiuta concretamente l'organizzazione, serve da esempio, e lo scambio necessario incomincia.

Infine, è indispensabile una terza linea di lavoro, il lavoro per la scuola, che consiste nel pensare e, man mano che si comincia a esserne in grado, partecipare all'organizzazione della scuola servendone gli scopi. Se non si effettua uno sforzo simultaneo su tutte tre le linee, adeguato al livello raggiunto, il lavoro resta monco, e una scuola che non lo esiga perde la sua qualità e la sua ragion d'essere.

Ben presto, a seguito di varie circostanze (e non per le mie qualità personali) mi è stata offerta l'opportunità di lavorare contemporaneamente sulle tre linee.

Quando osservo i miei compagni impegnati in uno sforzo comune, mi colpisce lo straordinario potere di questo lavoro che penetra in profondità, rovescia i valori e fa venire alla luce le tendenze più nascoste, distruggendo senza pietà le certezze puramente illusorie. I sogni, le speranze e le convinzioni affermate con troppa leggerezza vengono regolarmente travolte e inghiottite, mentre sorgono e si manifestano irresistibilmente le forze profonde che ci abitano, avidità, gelosia, odio, orgoglio, paure d'ogni sorta. Tutto ciò si accavalla, si scontra, si distrugge, si riforma, e spesso ci troviamo tutti l'uno di fronte all'altro, senza scampo, in un falso silenzio d'apocalisse...

Nel momento in cui, lasciandoci alle spalle il mondo abituale, varchiamo la porta della casa, dove ci riuniamo, implicitamente mettiamo da parte sia il tranquillo benessere delle relazioni ordinarie che le vane agitazioni della vita, e assumiamo un atteggiamento in teoria giusto: ma l'ignoranza di ciò che precisamente significhi giusto ci mantiene in una posizione di ricerca verso ciò die vogliamo, e di difesa contro ciò che in permanenza ce ne distoglie.

Ne risulta un movimento oscillante che ci avvicina o ci respinge in base alla situazione momentanea. Prende forma così la vita del Lavoro, talvolta dolce e confortante, talvolta crudele e impietosa, come ogni vita, ma che ha comunque un gusto diverso; e quelli che cominciano a sentirne il valore vi ritornano continuamente, a prezzo di veri sacrifici.

In questa lotta, affinché appaiano le reazioni abituali, dobbiamo mostrarci così come siamo - ne, d'altra parte, potremmo fare altrimenti - ma l'osservatore che è in noi dev'essere anch'esso presente per controllare il processo e mantenerlo in limiti accettabili, preservandolo da quegli eccessi che annullerebbero ogni valore di esperienza. È un atteggiamento molto difficile da tenere, e pochi di noi vi riescono a lungo. Di conseguenza, in questa casa dedicata al lavoro in comune si esprimono, anche se in modo attenuato, gli stessi impulsi emotivi, gli stessi atteggiamenti critici, gli stessi giudizi reciproci privi di alcuna ironia, riscontrabili nel mondo esterno.

D'altra parte, nei confronti di quasi tutti noi, il giudizio di coloro che ci osservano dall'esterno è di solito senza indulgenza. « Voi affermate che l'uomo non si conosce », essi dicono, « che l'uomo è in balia dei suoi automatismi, che non è in grado di far nulla di propria volontà; voi pretendete inoltre di conoscere il sistema per uscirne: eppure siete esattamente come noi, parolai, ipercritici, parziali, ingiusti, e spesso più arroganti e boriosi di noi che non "lavoriamo"... » Costoro hanno torto e ragione allo stesso momento.

Hanno ragione perché per molto tempo ci è impossibile comportarci in maniera diversa, né li si può rimproverare di non saperlo; hanno torto perché, se è vero che siamo quasi sempre così, è anche vero che subiamo i nostri difetti un po' più consciamente, che talvolta cominciamo persino a soffrirne, e che li utilizziamo infine per conoscerci meglio.

Il nostro studio è la scienza più difficile del mondo, e nessuna disciplina umana, per quanto complessa, richiede tanti sforzi. Tutti sanno benissimo che, per padroneggiare una qualunque conoscenza di livello superiore, ci vogliono otto o dieci anni dedicati esclusivamente allo studio: e da noi si pretende che nel giro di due o tre anni, in ragione di tre ore alla settimana, siamo in grado di diventare « uomini » nel senso più elevato del termine!

Suvvia, non è una cosa seria...

Osservando più attentamente del solito i giovani avvicinatisi più di recente, percepisco la ricchezza e l'interesse delle riflessioni che si possono fare nei loro confronti.

Ognuno si presenta con la sua domanda o il suo sogno, più spesso con tutti e due, così poco diversi l'uno dall'altro da esse- re inestricabilmente intrecciati. Visi calmi e fiduciosi oppure tesi e angosciati, sguardi sperduti o, al contrario, animati da una fiamma finora sconosciuta: basta guardarli per capire più chiaramente il senso inespresso delle loro richieste.

Un gesto meccanico delle gambe o della testa, uno sguardo che si offusca, e colui che stava ascoltando con uno strumento diverso da quello abituale ripiomba nel mondo dei pensieri e dei sentimenti in cui tutto avviene da sé... eppure non lo sa, e crede di continuare ad ascoltare come l'attimo precedente: ma le parole non lo toccano più nello stesso punto, e ciò che gli viene detto s'incide ormai su un'altra memoria.

Questo spiega perché il Lavoro sia cosi difficile, e perché sia così necessaria la capacità di tornare ogni istante a ciò che ogni uomo ha in sé di essenziale. Chi è all'inizio, non possiede nemmeno un atomo di questa capacità, e ignora che cosa sia l'essenziale. Spetta quindi a noi, tramite un nostro personale sforzo di presenza, partire alla ricerca della sua attenzione e del suo interesse per ricondurlo a quel punto centrale in lui che gli permette di percepire e comprendere allo stesso momento.

Osservare una classe di movimenti è una cosa ancor più interessante. Un semplice braccio teso in avanti rivela l'assenza di rigore del pensiero. Al posto dell'uomo che si crede di conoscere, si scopre una specie di burattino alle prese con la sequenza di gesti che gli è stata richiesta, sequenza la cui complessità, peraltro relativa, sconvolge la logica abituale con cui funziona la mente. Il corpo mal si conforma alle vaghe ingiunzioni della testa disorientata: sorge allora un'emozione che dilaga e travolge l'insieme dei processi faticosamente messi in moto, e ben presto tutto si blocca.

La debolezza dell'uomo, la mancanza di controllo quasi totale sulle relazioni corrette che dovrebbero stabilirsi al suo interno, è del tutto palese. Basta osservarlo un po' attentamente per vederne spuntare il sogno, instaurarsi l'oblio, e l'attenzione esplodere e polverizzarsi in mille ridicoli poli d'interesse.

L'uomo d'affari volitivo e sicuro di se, il medico impassibile, perfettamente a suo agio in ogni circostanza, il filosofo con tutto il suo sapere sull'uomo, ho visto ciascuno riportato alla sua vera dimensione, tutti quanti ugualmente indifesi e incapaci di compiere i gesti più elementari mantenendo un reale contatto con se stessi.

E in loro aiuto non si può fare nulla, se non entrare in noi stessi e cercare l'atteggiamento idoneo a far sì che le parole pronunciate si carichino di un messaggio altrimenti inesprimibile, come se la nostra certezza interiore, tradotta in energia, survoltasse il contenuto ordinario delle parole e riuscisse a toccare negli altri una parte nascosta che questa nuova energia può animare.

Ed è l'unica cosa che li aiuta davvero, sicché a poco a poco in loro si afferma un gusto nuovo e indefinibile per quelle riunioni cui essi ritornano trovandovi un certo non so che inconsciamente avvertito come un nutrimento, qualcosa che poi lentamente scompare di nuovo, ma il cui strano bisogno, nonostante tutti gli ostacoli, li riporta a coloro che sono in grado di soddisfarlo.

Per far vivere l'Insegnamento e aiutare gli altri, bisognerebbe, quando si parla, restare sempre al di qua di ciò che si capisce. Raramente riesco a impormi questa disciplina, e mi lascio invece trasportare dalla gioia della scoperta. Appostato in un angolo di me stesso, con sorpresa - e talvolta con ammirazione - guardo passare le idee, annodarsi le relazioni, stringersi i contatti, e non posso impedirmi di lasciar zampillare la fonte. Mentre ascolto me stesso dire cose che non sapevo, le parole si colorano della gioia che me ne deriva, e mi tocca frenare quest'emozione che, nonostante le apparenze e gli effetti immediati, non aggiunge nulla, anzi mi distoglie dall'essenziale.

Come lasciare che il pensiero si formi da se per esprimere in modo semplice e corretto la comprensione nata dal confronto delle idee, del materiale registrato e della qualità d'essere che ne fa da supporto?

A poco a poco è comparsa in me una nuova possibilità: adesso sono in grado di stabilirmi in un luogo diverso da ciò che considero « la mia vita ». Diverso cioè da quella manifestazione psichica e materiale in cui ogni movimento è sostenuto e plasmato dai risultati dell'azione che il tempo e le influenze hanno operato sulle mie tendenze essenziali. Talvolta compare invece un'altra intelligenza, straordinaria, mirabile, che dà ai problemi un rilievo ancora sconosciuto. Tra le cose si stabilisce una relazione inattesa, io vedo, io so, posso parlare e dare degli eventi una nuova versione, e qualcosa dentro di me capisce e può rispondere a domande che non mi ero mai posto in precedenza. Basta ascoltare, basta lasciare che i dati del problema si affrontino da soli in questo nuovo contesto dello spirito, evitando accuratamente l'intervento della facoltà intellettuale, perché sorga una risposta all'insegna del solo buon senso, scaturita dall'ordine improvvisamente svelato delle cose. Miracolo dell'essere che a poco a poco diventa adulto...

Sofferenza d'essere ciò che sono di fronte ai miei compagni di strada che devo aiutare...

Per lavorare in comune ed essere utile agli altri sul sentiero intrapreso, dovrei anzitutto vedere e capire con chiarezza la materia vivente di cui sono fatto, e le sue relazioni col mondo esterno. Quasi sempre, ascoltare e chiarire le domande altrui significa cercar di cogliere con la parte più sveglia della mente la natura dei fatti riportati, e mettere in relazione il problema sollevato da quei fatti con la conoscenza che ne ho a seguito della mia stessa esperienza Nei casi migliori, i miei interlocutori ottengono un chiarimento che consente loro di capire a che punto si trovano, e di evitare alcuni tranelli spesso tanto grossolani quanto impossibili da individuare senza un aiuto esterno.

Ma il lavoro di gruppo e la partecipazione attiva che in esso mi viene richiesta li sento adesso come due cose piuttosto diverse, e mi rendo conto di essere molto lontano dall'affrontare in maniera corretta questa missione. Rispondere agli altri significa anzitutto rivolgermi verso di me e, con l'aiuto della domanda, interrogare in un attimo, uno per uno, tutti gli aspetti sotto cui si presenta la conoscenza reale, ancora limitata, della mia totalità, in modo che le parole della risposta siano l'espressione di una realtà concreta, viva e istantanea, percepita in tutta verità. Poco importano allora le parole, poco importa che la risposta non abbia un rapporto diretto e preciso con la domanda: la visione che ho di me a seguito dell'evento che mi è stato riportato, per la sua novità e per le prospettive generalmente sconosciute che schiude, contiene un potere d'illuminazione e un'influenza tali da far sì che la domanda trovi immediatamente in quella visione il suo posto e la sua risposta.

Ecco ciò che dovrebbe essere un vero aiuto. Ma per quanto arricchito di questa preziosa scoperta, mi accorgo che spesso, per non restare muto, mi tocca ritornare a un semplice confronto, il più possibile in profondità, tra la domanda che mi è stata rivolta e la mia esperienza vissuta in rapporto al problema che pone.

Ben altrimenti si manifesta il potere del Maestro, di colui che sa. Qualunque argomento gli venga sottoposto, basta che il pensiero, animato dalla qualità più sottile d'attenzione al suo servizio, percorra con moto continuo l'orizzonte interiore sul quale si trovano tutti gli aspetti della conoscenza acquisita, perché attraverso di lui passi un'influenza capace di rispondere alle domande e ai bisogni di coloro che cercano.

In questo momento, nel gruppo di lavoro più avanzato si sta producendo un serio sforzo. Riusciamo, infatti, a trovarci accomunati dall'interesse per ciò che ci abita nell'attimo presente, e questo interesse fa venire allo scoperto quelli tra noi che sono più deboli. Quando, in tutta la sua nudità, ma anche in tutta la sua ricchezza, appare la natura profonda inconsciamente dissimulata di quello che parla ininterrottamente o di quell'altro che passa la vita a folleggiare, mi sento vincere dall'emozione. Si trasformano i volti, le voci, la scelta delle parole, e in risposta alle loro domande non riesco a trovare altro che un'approvazione entusiasta dietro la quale mi sforzo di nascondere la gioia che provo.

Sono ceno che essi cominciano a staccarsi per un attimo dalla menzogna cui sono inchiodati dai movimenti di una vita lontana dai veri problemi e governata dai meccanismi oscuri degli influssi e delle abitudini. Ciò che in quei momenti nasce dentro di loro non viene chiaramente avvertito come una cosa nuova e preziosa, ma l'assurdità della loro vita e la loro impotenza diventano un'evidenza vissuta, e non più una certezza affermata con più o meno vigore in base al risveglio del momento.

La via che ci viene indicata s'inflette ogni tanto in maniera quasi impercettibile, ma ogni volta conduce a nuove scoperte, e ogni volta la sua attualità mi stupisce. Forse risponde a tutti i bisogni perché e universale? Sembra che qualche sorta di genio presieda alla scelta dei mezzi adeguati per affrontare i problemi conseguenti alla lenta salita su cui stiamo arrancando. Un genio? No, la coscienza piuttosto, che ci arriva a ondate successive benché noi, pur provandone gli effetti, siamo incapaci di seguirne il cammino.

Ci unisce una catena ininterrotta che parte dall'opera vivente lasciata da Gurdjieff, e di cui noi siamo le maglie. In questo Insegnamento in cui non esiste un vero e proprio « Maestro », in cui chi sa di più è, al suo livello, il maestro di chi sta alle sue spalle, è essenziale che si stabilisca una comunicazione tra l'alto e il basso, affinché l'influenza e la conoscenza passino come una corrente fino alle estremità inferiori della catena.

Come la linfa, sotto la pressione di una forza misteriosa e potente, percorre instancabilmente il circuito sempre più vasto dei rami e delle foglie di un albero molto frondoso, così la forza del lavoro circola e nutre, fino all'ultima gemma, la massa talvolta opaca degli uomini in marcia verso la ricerca di se. Ogni ramoscello ha un posto e una funzione nella vita dell'organismo cui appartiene; di conseguenza, se il ramoscello si stacca dal ramo che lo sostiene, non solo non potrà dare frutti, ma tutto ciò che porta è destinato a perire con lui.

Chi lavora sulla seconda e sulla terza linea, ossia chi costituisce un rametto di quell'organismo vivente che è il Lavoro, ha la responsabilità dei nuovi germogli parzialmente prodotti dal suo stesso sforzo. E sebbene tutti i rametti abbiano una comprensione ovviamente identica dell'insegnamento. il contenuto di ciò che si forma in ciascuno di essi è modellato dall'essenza e dalla personalità individuali. La diversità delle forme particolari all'interno della forma generale dell'Insegnamento risponde così alla diversità degli approcci individuali che ciascuno ha dovuto affrontare. Questa diversità presuppone uno stretto legame con gli anelli che si trovano a monte; se il legame venisse a mancare, l'essenziale, pur senza cambiare apparenza, a poco a poco potrebbe ridursi a una caricatura di se stesso.

Il germe distruttore di ogni scienza, infatti, è insito nell'attività stessa di chi la conosce abbastanza bene da poterne diffondere il messaggio. Non appena verso la sua persona o verso gli scopi perseguiti, per quanto anodini o intenzionalmente contraddittori, si eserciti qualche forma di idolatria, ecco che inizia la rottura. Infatti, la verità può esprimersi soltanto attraverso la strumentazione particolare di una « persona »; e se chi la proclama non riesce a evitate di darle al passaggio una colorazione deviante, essa produrrà nei seguaci una comprensione diversa destinata ben presto a ingenerare una confusione totale.

La verità detta da un uomo che « non è » è una menzogna. Analogamente, mantenere intatto il contenuto di questo Insegnamento attraverso i molteplici aspetti che esso propone richiede, accanto a un'indispensabile fedeltà, uno sforzo di presenza e di superamento di sé più difficile di qualsiasi altro. Questa è la preoccupazione costante al centro della lotta che conduciamo contro il pericolo di gran lunga più insidioso: quello di lasciarci prendere dalle conseguenze delle forze che emanano dai livelli acquisiti, e che altri aspirano come fosse incenso, ma che su di noi si ritorcono come boomerang, confermando la falsa immagine che proprio a causa loro abbiamo di noi stessi.

Restarne irretiti, sarebbe la nostra condanna e, sul piano più generale, la condanna dell'Insegnamento.

Ma è proprio così che gran parte di queste discipline cadono prima in errore e poi nell'oblio. Bisogna che l'Insegnamento di Gurdjieff, grazie allo sforzo di coloro che se ne nutrono, duri sino alla fine del tempo previsto per i suoi frutti.

VIII

Religione e Insegnamento: due parallele che si incontrano prima dell'infinito

Ricordo il tempo in cui, davanti alle immagini del mondo che mi venivano presentate, a poco a poco prendeva forma un interesse per l'invisibile e l'inconoscibile. Avevo allora un vago presentimento che dietro l'apparente realtà delle cose potesse nascondersene un'altra, collegato in modo misterioso e per me incomprensibile alla realtà insegnata dalla religione cattolica cui apparteneva la mia famiglia.

Chiuso nel ristretto cattolicesimo di una parrocchia di campagna, che pur ha illuminato la mia fanciullezza, non sono mai riuscito a cogliere nelle forme religiose che mi venivano proposte nient'altro che un tessuto di affermazioni poco credibili, accettate per acquiescenza, ma inadatte al bisogno che sentivo dentro di me.

Perciò, divenuto adulto, mi sono portato dentro a lungo una domanda senza risposta: è possibile pensare, cioè sviluppare un'attività imparziale dell'intelletto, e nello stesso tempo credere? Il pensiero di ordine superiore è compatibile con la Fede?

Vedere, riflettere, pensare, credere... le parole ci ingannano continuamente perché possono esprimere cose del tutto diverse in base alla qualità di chi le utilizza e al contesto generale del flusso di vita in cui sono inserite.

La religione cristiana - e la religione cattolica in particolare - pare avesse fissato dei limiti arbitrari al contenuto di certe parole, forse perché le forze occulte insite in quelle parole le sembravano inaccessibili alla gente comune. In seguito questa restrizione - sempre che sia esistita - è stata respinta, e ogni riferimento in proposito è ormai considerato sospetto.

La fede cattolica è considerata vera per grazia divina, e in un cristianesimo unitario si possono differenziare soltanto modi diversi, più o meno giusti, di viverla.

Per l'Insegnamento di cui si parla in queste mie note, le co- se si pongono in altri termini. Questo Insegnamento è una scienza, una scienza che studia l'uomo con tutto ciò che vi è all'interno, al di sotto e al di sopra. Essa si basa anzitutto su una logica molto semplice e, come ogni scienza, non tollera errori nella sperimentazione; la menzogna le risulta inefficace e, di conseguenza, occorre un atteggiamento d'assoluta imparzialità.

Come chiunque rapidamente potrà rendersi conto, anch'essa riconosce solo i fatti verificati dall'esperienza, includendovi però anche quelli che un'attenzione meno rigorosa non accetta di prendere in considerazione perché a prima vista insignificanti. Eppure i movimenti dell'essenza, quelli che possono insegnare all'uomo qualcosa di se stesso, si manifestano spesso nelle piccole cose, mentre gli eventi più notevoli, dato che l'uomo vi si identifica più facilmente, non sono cosi propizi. Nelle fiabe tradizionali, la forza superiore si nasconde sempre sotto le apparenze del mendicante disprezzato e ignorato...

La materia trattata da questa scienza, al pari della religione, va direttamente al cuore dei problemi che sembrano più insolubili: il mistero della vita, Dio, l'immortalità. Per procedere, essa usa strumenti cui la religione dà altri nomi, e anche luci che illuminano entrambe, eccome...

Come mai tanti uomini ben disposti, molto spesso religiosi, hanno accumulato un gran numero di ostacoli davanti alla sua porta?

Una credenza cieca spesso rifiuta le lezioni dell'esperienza. Essa stabilisce nell'uomo un a-priori che ne annulla quasi totalmente l'imparzialità e gli toglie ogni possibilità di approfittare dell'esperienza.

La credenza divenuta Fede, così come lo intende la religione, può essere altrettanto rigida sia nel restare ciecamente aggrappata ai dogmi rivelati, sia nel dirsi illuminata da un pensiero rotto alle mille sfumature dell'esegesi; e tuttavia, in entrambi i casi, essa è giustificata dall'effettiva comparsa di momenti esaltanti profondamente vissuti.

La Fede, così come spesso ci viene presentata, innalza una barriera intransigente intorno al mondo interiore dell'uomo meccanico, e l'uomo ne resta ciecamente rassicurato. Essa funge da risposta a molti problemi, e ogni volta che l'uomo per un istante percepisce l'ignoto che lo circonda da tutte le parti, essa lo salva dall'ignoranza e dalla paura dandogli un falso senso di sicurezza.

Ma la Fede ha assunto questo aspetto solo dopo un lungo percorso; partita da una Conoscenza Unica che è la sorgente di tutte le religioni autentiche, essa e gradualmente arrivata fino alla concezione semplicistica più rudimentale, l'unica accessibile alla maggioranza degli uomini che compongono la massa dell'umanità. A questo livello, tutto ciò che sfugge alla comprensione viene immagazzinato in una zona del sentimento dove esiste qualcosa che è stato predisposto per occuparsene, ma che è una caricatura della vera Fede.

Ecco perché le religioni - o perlomeno ciò che ho potuto capirne avendo perso contatto con la vera essenza della fonte da cui derivano, sono state costrette a presentare questo tipo di Fede come base fondamentale della loro dottrina.

Ogni ricerca basata sul bisogno di conoscenza o sul timore di un divenire misterioso induce il fedele di una religione a compiere una serie di sforzi che vanno dall'osservanza di regole più o meno costrittive all'ascesi spinta ai limiti del possibile. La persistenza negli sforzi e la ricerca costante del particolare stato emozionale che nasce da una sincera tensione verso il divino, introducono nella vita del seguace un'intensità e una qualità reputate effetto della Potenza cui egli si rivolge continuamente. Per lui si tratta della grazia santificante, germe della gloria promessa. È quindi giusto che la sua Fede ne sia confermata e che i suoi sforzi gli permettano di pervenire a un credo cui bisogna riconoscere un grande valore.

La virtù della preghiera, la scoperta della realtà divina in se stessi, la potenza della Fede e, di conseguenza, la paura dell'inferno e del peccato: è assurdo negare che ciascuno di questi elementi abbia un potere sulla vita di certi uomini, e che possa suscitare certezze.

Ma quelli cui non basta un certo tipo di Fede, quelli che hanno un bisogno più incisivo di conoscenza, saranno costretti a tenersi la sete, dovranno smarrirsi in un panteismo fumoso o sprofondare per sempre in un nichilismo senza speranze?

Io so per esperienza che non e cosi, e che esiste almeno una strada aperta.

Cosa penseranno di fronte all'Insegnamento coloro che hanno una solida convinzione religiosa?

Credo che molti compiangano la nostra palese mancanza di Fede e biasimino il nostro orgoglio. Siccome ci rifiutiamo di considerare effetto della grazia divina quei movimenti interiori di cui entrambi riconosciamo la presenza quasi miracolosa, ma la cui comparsa per noi è legata a uno sforzo e a un insieme di leggi che intendiamo studiare sul vivo di noi stessi, qualcuno dirà che parliamo mettendoci al posto di Dio. che ci sostituiamo orgogliosamente a lui, e che in questo stesso istante Dio è in noi e si esprime attraverso la nostra bocca. Per altri, questo Insegnamento non è altro che un assurdo panteismo o, al massimo, un pelagianismo* più volte condannato.

E così ci ritroviamo a camminare insieme su due vie che pretendono di arrivare alla stessa meta ma il cui parallelismo è solo apparente. A entrambi appartiene la medesima verità originaria, ma la divergenza comincia fin dai primi passi dei nostri rispettivi sentieri in una direzione che crediamo comune. Infatti, le parti di noi che accolgono quest'unica verità sono diverse, come diversa e la vibrazione che anima ognuna delle parli in cui risuona successivamente il richiamo verso ciò che è in Alto, e che entrambi avvertiamo ugualmente. Dietro le stesse parole, attraverso gli stessi messaggi, finiamo per toccare aspetti diversi della medesima verità, e non possiamo incontrarci che nei rarissimi punti in cui le curve delle nostre ricerche s'intersecano. Quasi sempre la natura diversa dello strumento che riceve e restituisce l'impressione fa sì che i movimenti prodotti si presentino all'altro esattamente contrari a ciò che sono in realtà, e quindi interpretati come un errore evidente; infatti, la parte predisposta in entrambi per accogliere quell'impressione funziona e vibra su un livello che può trarre in inganno perché apparentemente simile, ma in realtà sostanzialmente diverso per gli uni e gli altri.

La luce che talvolta penetra in noi, che ci illumina e ci riscalda... essa è riconoscenza, è puro Amore per Colui che, nella sua bontà infinita, riversa ininterrottamente nella nostra anima la Grazia di cui ci ha fatto dono, sempre attenta, essa ci nutre, trasforma la nostra visione delle cose e ci porta verso nuovi paralleli e irreversibili comprensioni. Allora diventa evidente l'irrealtà della nostra vita: peccato, o automatismo che ci rende schiavi?...

Due dimensioni dell'essere che la nostra visione limitata si ostina a confrontare aritmeticamente ma che, da un certo punto di vista, e a parte ogni giudizio di valore, stanno tra loro come lo zero e l'infinito.

Ma ciò non impedisce che alcuni credano e proclamino che noi siamo orgogliosi e senza amore.

Ho sempre avuto un certo disinteresse per i tentativi di provare l'esistenza di Dio. Che si tratti di affermazioni ingenue oppure di studi a carattere filosofico o mistico, non mi hanno mai profondamente toccato. Certo, tra chi li ha fatti e me sarebbe necessario un linguaggio comune, e la parola DIO dovrebbe esprimere qualcosa di cui entrambi possiamo avere una sensazione almeno analoga.

Ora, non son riuscito a credere per molto tempo in un Dio la cui « bontà » e onnipotenza non abbiano altro fine che ricompensare quelli che rispettano un'etica certamente buona in se stessa, ma legata in passato a crudeli ingiustizie, e castigare quelli che la rifiutano o che sottopongono la loro vita a una disciplina diversa, un tantino meno rispettabile.

Una nuova visione del mondo, la scoperta che in me esiste un'altra vita, il progressivo accesso a una conoscenza vissuta di un universo invisibile, tutto ciò ha radicalmente modificato l'immagine di un possibile Dio che mi ero fatto in precedenza Adesso accetto l'idea di una Potenza da cui tutto dipende, e capisco che per alcuni l'esistenza di Dio, rappresentando l'indispensabile speranza, sia un motivo per vivere in modo più giusto e un aiuto per sopportare i sacrifici.

D'altro canto, io ho sperimentato in me la « presenza » di una realtà nuova, nata da un lungo sforzo o da circostanze insolite, una presenza che può legarsi direttamente alle verità rivelate dalle tradizioni e che, confermando la giustezza dei loro insegnamenti, per chi la percepisce può rappresentare la prova dell'esistenza di Dio.

Qualunque sia il vero contenuto delle forme che l'idea di Dio ha rivestito nelle filosofie, nelle religioni o nelle tradizioni che ho potuto avvicinare, oggi vedo con chiarezza che cercare la « prova dell'esistenza di Dio », come a lungo ho fatto anch'io, è un falso problema. Ciò che in me richiede una « prova » è soltanto l'apparato mentale assuefatto ad analoghi tentativi e avido di produrre quel sottile fremito che la mia testa finora ha chiamato « capire ».

L'essere non ha bisogno di prove. La conoscenza interiore delle cose è di un livello tale che il numero e l'estensione non vi aggiungono niente.

Il fatto che il mondo interiore esista e che sia animato da una qualità che il mondo ordinario avverte e da cui si sente trasceso, è la prova che, al di là dei limiti concepiti dal mondo ordinario, esiste una realtà diversa cui non si applicano le leggi comunemente note.

Tra il principio chiamato Dio e l'essere che io sono si apre un abisso riempito dalle forze che mi hanno dato la vita.

Come risalire alla loro Sorgente a partire dal punto d'impatto ch'esse trovano dentro di me? Come diventare colui che in tutta verità può dire « Signore, sia fatta la tua Volontà »?

Noi siamo talmente condizionati dalle influenze esterne che i colori del nostro sentimento e la forma dei nostri pensieri dipendono dalla disposizione delle forze circostanti. Se tale disposizione si altera anche solo di poco, la nostra visione, le nostre sensazioni e le nostre manifestazioni si modificano all'istante.

In virtù del principio di analogia di tutte le cose esistenti, è giusto pensare che l'umanità nel suo insieme subisca la stessa legge e che, come ha scritto Gurdjieff, se la Grande Natura deve adattarsi continuamente alle conseguenze della sempre maggiore meccanicità in cui vivono gli uomini, viceversa, ogni evoluzione accertata nell'altro senso deriva da un cambiamento nel flusso delle influenze emesse da sorgenti che per ora è tanto inutile sperar di identificare quanto vano immaginare.

Nessun uomo può essere separato dall'insieme dell'umanità, essendone una cellula vivente: e pur se c'interessa anzitutto la nostra vita personale, non possiamo evitare di sentirci coinvolti da tutta l'umanità. Certo, per poterne abbracciare la prospettiva non abbiamo sufficiente distanza, perché i tempi del suo sviluppo sono molto diversi dai nostri. E tuttavia alcuni periodi della storia ci hanno dimostrato che talvolta appaiono forze superiori capaci di modificarne il corso evolutivo.

Pare che proprio di questi tempi stia avvenendo qualcosa del genere: alcuni fatti apparentemente sconnessi possono dare l'impressione, a chi li sa collegare, che alcune influenze positive siano venute a controbilanciare l'ondata di forze letali che, soprattutto da cinquant'anni a questa parte, hanno sconvolto la terra. Se si prendono in considerazione, da un lato il ritorno del Popolo Ebreo in Palestina dopo alcuni millenni di esilio e di persecuzioni, e dall'altro l'incredibile evoluzione, operata recentemente dalla Chiesa Cattolica attraverso il Concilio appena concluso, non si può non essere colpiti dal fatto che i due eventi suddetti, tra molti altri, tendono a condurre l'umanità in una direzione abbandonata da secoli.

La Chiesa, con la sua nuova posizione sia verso i cristiani separati, sia verso gli Ebrei, i Musulmani, i Buddisti e persino gli atei, sembra volersi assumere d'ora in avanti, in nome di una grossa fetta d'umanità, il ruolo di autentica religione. E anche se, come è fin troppo evidente, la Chiesa può assumerselo in modo soltanto parziale, anche se il movimento che la anima in senso nuovo rischia di amplificarsi fino a mettere in pericolo la sua stessa esistenza, l'apparizione al suo interno di una tale volontà, e il dubbio che si sta spargendo un po' ovunque sul divenire dell'attuale civiltà scientifica, indicano che il contesto generale in cui si trova l'umanità di oggi ha subito una variazione. È difficile credere che questa variazione sia dovuta esclusivamente a un insieme di cause cieche originatesi per caso nel corso del tempo. Forti della nostra stessa esperienza di fronte ai cambiamenti provocati in noi da una diversa disposizione della rete d'influenze in cui viviamo, siamo inclini a pensare, poiché tutto si ripete a tutti i livelli, che gli eventi cui abbiamo accennato siano conseguenza d'influenze positive comparse per uno scopo ben definito e che, in una certa misura, sia possibile scoprirne la direzione.

Forse, senza saperlo, stiamo vivendo un periodo eccezionale nella storia dell'umanità, un « punto di svolta » radicalmente diverso da quei ridicoli incidenti di viaggio che gli uomini non perdono occasione di definire svolte e che ci rendono la strada un labirinto oscuro e inestricabile.

IX

La musica non è solo un linguaggio

Nella mia vita la musica ha sempre avuto una grande importanza, e me n'ero fatto una concezione che è stata duramente scossa da una musica ascoltata di recente, una musica dalle vibrazioni insolite e dalle sequenze inconsuete che hanno aperto dentro di me un sentiero non ancora percorso mettendo in moto alcune parti solitamente inutilizzate del mio apparato umano.

L'incontro tra la « musica » che Gurdjieff ha suonato davanti a noi e il mio sapere musicale, solidamente costruito su basi ritenute indiscutibili, è stato comunque brutale. Anzitutto stupore, sorpresa, delusione. Una musica che sul momento non ho gradito, dalla sonorità volgare, piatta, senza lirismo. Ma tutti questi aggettivi, nelle condizioni e nel contesto dato, risultano avvero ridicoli!... Ben presto dagli accordi di base è emerso un motivo melodico che ha toccato in me zone sconosciute, e la sequenza dei suoni mi ha dato un'insolita sensazione di pienezza. Non si trattava più di dire: mi piace o non mi piace. Non sembrava nemmeno musica. Oppure è questa la musica?

Ho sentito che il mondo in me si espandeva, e ogni suono risvegliava un'eco che non era mai risuonata: ero immerso in una pace senza limiti, come se una nota composta dalla qualità più sottile della mia vita si prolungasse all'infinito.

Dopo l'ultima nota, come in un film proiettato all'indietro, le onde chiare che avevano invaso una mia parte finora ignorata si raccolsero in moto concentrico, sparirono dentro di me in un unico punto, da cui sorsero in senso contrario le impressioni della vita ordinaria che ora però ero in grado di tenere a distanza.

Sarei ritornato alla mia condizione abituale? Era ormai tutto finito? No, qualcosa e rimasto, come un passo in più su una strada che vorremmo senza ritorno. A lungo siamo rimasti immobili col fiato sospeso, fuori del tempo. Gran parte delle vibrazioni sonore percettibili all'uomo sono state accaparrate dall'arte. La musica e l'ordine in cui si dispongono certi suoni, oppure, se si preferisce, i medesimi suoni possono diventare musica per effetto della loro organizzazione; e siccome la scienza del loro accostamento secondo la frequenza delle vibrazioni, il timbro, la durata di manifestazione o la successione ripetuta esige la partecipazione del mondo emozionale dell'uomo, la musica è diventata parte integrante dell'arte.

La musica è un mondo compiuto, col suo spazio (scala delle vibrazioni), il suo tempo (ritmo, tempo musicale) e le sue leggi; la legge principale, quella che regola l'ottava dei suoni (scala musicale), e ricalcata esattamente sulla legge del sette o « legge dell'ottava », che Gurdjieff classifica tra le leggi fondamentali dell'universo. Di conseguenza la musica, per sua stessa natura, per il simbolismo che rappresenta e per le forze che mette in azione, dovrebbe aiutare l'uomo a scoprire qual è il proprio posto nel mondo. Ma, ancora una volta, a causa dell'utilizzo incompleto degli strumenti di percezione e del dominio incontrastato che esercitano le parti più meccaniche dei centri, il mondo associativo dell'uomo si è impadronito anche della musica, ed essa, invece di essere un mezzo di comunicazione all'interno del sistema di forze che in origine dovrebbe esprimere, si riduce a essere il linguaggio dell'emozione, cioè un linguaggio per esprimere i sentimenti, riprodurre un paesaggio o commentare un avvenimento.

Molto spesso la musica del mondo occidentale moderno non è che il risultato di una fusione accidentale tra i diversi materiali associativi appartenenti ai centri di chi la compone, e perciò quasi sempre può essere definita « associativa ».

Ciò non toglie che alcuni compositori, a seguito di una felice seppur momentanea disposizione di spirito, o a causa di una sensibilità rimasta relativamente intatta, siano in grado di percepire interiormente gli effetti che il gioco, la sequenza o la sovrapposizione dei suoni provocano in tutto il loro essere, e non soltanto sugli organi di percezione. Ne risulta una musica che, pur rivestendo le forme in uso all'epoca della composizione, è portatrice di un messaggio diverso, sicché l'esecutore è incline a cercarne la migliore espressione, e l'ascoltatore è avido di gustarne il contenuto. In questi casi la musica viene recepita dalle parti meno meccaniche - quindi meglio collegate tra loro - dei vari centri e così l'istante sonoro presenta una continuità o una conformità che insedia l'ascoltatore in un tempo espanso pienamente vissuto. La musica allora acquisisce una solidità e un potere di convinzione tali da suscitare una particolare sensazione d'unità che avvicina l'uomo a un bisogno più volte avvertito.

Viceversa, la musica associativa induce processi della stessa natura (cioè « associativi »), ciascuno legato a un proprio « tempo » che si manifesta finché viene percepita la durata abituale dell'istante sonoro, costituendone in qualche modo un contrappunto. La diversa velocità dei centri, ciascuno dei quali funziona per conto suo praticamente senza rapporto con gli altri, provoca una continua variazione dei nodi d'interesse, portando l'ascoltatore all'instabilità come riflesso del proprio funzionamento emozionale automatico; perciò l'ascoltatore prova una varietà di sensazioni così cariche di contrasti e di seduzioni da soddisfare quelle parti di sé da cui trae senza sforzo il proprio piacere.

Dal Medio Evo in poi, la musica occidentale si colloca interamente tra questi due livelli espressivi, ed è per definizione, in base alla terminologia usata nell'Insegnamento di Gurdjieff, una musica « soggettiva », una musica cioè che prende a « soggetto » un sentimento, una sensazione o un'idea.

La musica occidentale, mancando di una conoscenza effettiva dei possibili rapporti tra le vibrazioni sonore e l'uomo, e perciò essendo priva di qualunque intenzionalità nella disposizione dei suoni sulla base di quei rapporti, è il risultato dell'influenza che il « soggetto » esercita sul mondo sensibile di chi l'utilizza come pretesto espressivo.

Quasi sempre il compositore si limita ad ascoltare i moti interiori che la fede, la passione e altri sentimenti, oppure certi eventi reali o immaginari, provocano sul suo apparato emozionale. Tali moti vengono recepiti sotto forma d'impressioni e subito trasformati, grazie a un dono misterioso, in immagini sonore, le quali vanno poi semplicemente tradotte in suoni musicali perché la natura, la durata, il ritmo, la sovrapposizione e la sequenza dei suoni sono governati da regole ben precise, più o meno fedelmente applicate dal compositore. Tra le impressioni avvertite e le immagini sonore si stabilisce così una relazione, e tra le forze che animano entrambe si opera una fusione; in tal caso, quando tutto va bene, la musica prodotta suscita nell'ascoltatore gli stessi moti che il compositore si era proposto di esprimere. Quanto più attento è l'ascolto, quanto più il compositore è risvegliato e vicino alla vibrazione fondamentale che è fonte di vita, quanto più la sensazione del soggetto che gli si è imposto, è vicina al contenuto del suo messaggio, tanto più il risultato sonoro riuscirà a suscitare nell'ascoltatore una vibrazione dello stesso ordine.

La cosiddetta « musica pura », quella cioè che non intende esprimere uno « stato d'animo » o raccontare un evento, ma che, essendo costruita secondo regole ricalcate su una legge cosmica, trova la propria motivazione soltanto nella sequenza delle sonorità, è in grado di provocare impressioni che trascendono di gran lunga il semplice piacere della funzione. E tuttavia, nonostante l'apparente assenza di soggetto, essa non si discosta affatto dalla musica soggettiva, avendo entrambe in comune non soltanto la fonte, ma anche il fatto di non possedere una conoscenza reale delle forze che i suoni possono suscitare e di quale sia il loro potere sull'apparato umano. Tali musiche, però, aprono la porta su un mondo più intenso e più vasto che alcuni compositori, forse a loro insaputa, hanno confusamente intuito; e alcune pagine di J.S. Bach toccano dentro di me un piano inaccessibile alle sollecitazioni, anche le più raffinate, del pensiero e dell'emozione.

È possibile seguire e riconoscete le tappe della civiltà contemporanea dai flussi d'influenze che ne hanno percorso i tempi di sviluppo. Anche la musica ne ha subiti i riflessi: da Palestrina a Olivier Messiaen, passando per Bach, Mozart, Beethoven, Chopin, Wagner e Debussy, è possibile rilevare, attraverso la linea sinuosa delle varie correnti, il potere via via crescente delle influenze associative sulle opere musicali. Salvo qualche eccezione, lo sviluppo della nostra civiltà si è accompagnato al fatto che le impressioni emotive e sensoriali relative a ciascuna epoca si sono sempre più imposte su un attento ascolto dell'essere portatore di vita; e i compositori, a loro volta, hanno rispecchiato il fenomeno nei modi più disparati. Ogni tanto però l'uomo reale nascosto dietro i vari personaggi grida il suo bisogno profondo o canta la sua gioia di vivere. E il suo grido e la sua gioia, sebbene quasi sempre deformati da un sentimento esacerbato, vestito poveramente come in Beethoven o ammantato sontuosamente come in certe pagine di Schumann o di Ravel, ci toccano ugualmente.

Ecco perché mi è ancora possibile assorbire la musica come un nutrimento necessario, anche se in molti « capolavori » essa non è che l'immagine di un mondo umano del tutto separato dalla sua viva fonte.

La scala musicale, in quanto alfabeto della nostra musica, è soltanto un compromesso, una semplificazione, uno scheletro della scala dei suoni a uso degli infermi d'udito quali noi siamo. Dal momento che si limita a utilizzare solo i punti culminanti della serie di vibrazioni che si addensano quasi a formare un comma intorno a « note » allineate in semitoni, la scala musicale lascia negli intervalli un mondo di vibrazioni inesplorate. Inoltre, le regole dell'armonia, compresa la loro violazione e le ricerche più recenti della musica detta « seriale » o « dodecafonica », ignorano certe combinazioni che la musica d'oggi tenta invece di utilizzare.

Alcune musiche contemporanee inserite nel corso naturale dell'« evoluzione » - nel senso comune del termine, e che Gurdjieff definisce « involuzione » - iniziata nel Medio Evo, si sono proposte infine di esplorare sia le gamme intermedie volutamente ignorate dalla scala diatonica (gamme dalle quali attingono sin dall'origine le musiche dette « orientali »), sia le regioni situate ai confini tra i suoni e i rumori. Com'era facile prevedere, esse hanno operato alla cieca, senza la minima conoscenza dell'uomo e dei possibili rapporti tra le forze che possono essere suscitate da vibrazioni finora inutilizzate e le parti sensibili dell'organismo umano che ne sono toccate.

Il disinteresse ostentato per il quadro diatonico si rivela quasi sempre un pretesto per quella caccia all'inedito e all'inaudito che, nell'intenzione degli autori, dovrebbe rinnovare uno strumento consunto dall'uso.

L'utilizzo dei rumori diventa sempre più frequente, e non soltanto per sottolineare un ritmo, com'è avvenuto per molto tempo, ma come parte integrante del « linguaggio musicale » in cui il rumore si mescola ai suoni o addirittura li sostituisce.

Il rumore, che la musica ha finora respinto, è la sensazione sonora più grezza, e la sua complessità sfugge all'analisi: per la musica si tratta di un « minerale » da cui va estratto il « suono », che è un rumore più semplice, il quale, ulteriormente purificato, diventa un « suono musicale » che si può finalmente modulare in altezza e timbro.

È interessante notare come, a partire da un suono musicale prodotto da strumenti via via più perfezionati e sfruttato in tutti i modi possibili (combinazioni polifoniche, ricerca di timbri prima separati e poi sintetizzati dalla grande orchestra sinfonica), si ritorni attualmente al rumore dopo esser passati attraverso le fasi successive della politonalità, dell'atonalità, del l'amodalità e dell'aritmia, seguendo una spirale sempre più stretta... Uno dei princìpi della legge d'ottava afferma che il rallentamento delle vibrazioni durante lo sviluppo della scala tonale induce una deviazione, un cambio di direzione. È facile averne la prova sperimentale osservando il nostro comportamento. Poiché ogni processo è soggetto a questa legge, tutte le nostre manifestazioni ne subiscono le conseguenze. Per esempio, quando cominciamo a tare una cosa, siamo convinti di procedere in modo uniforme, e non ci accorgiamo che dopo un po' di tempo iniziamo ad agire in maniera leggermente diversa. Il fenomeno continua a ripetersi fino a che, nei casi più estremi, possiamo sorprenderci a fare quasi il contrario di ciò che volevamo all'inizio.

Da un'epoca all'altra, l'identico processo si è sviluppato su scala molto più vasta in rapporto alla musica. L'abbandono di un'arte sempre più contorta, e quindi sempre più lontana dalla sua purezza originaria e dagli obiettivi di fondo della musica, e il ritorno al punto di partenza, segnato appunto dall'uso del « minerale » visto improvvisamente come un materiale nuovo e degno d'interesse, chiude il cerchio dell'« evoluzione ». Questo modo di « girare in tondo » illustra ancora una volta il principio enunciato dalla legge d'ottava, ed evidenzia il fatto che noi, credendo di andare avanti, non andiamo da nessuna parte, anche se battezziamo i cambiamenti col nome di « progresso ».

Ciò non toglie che il risultato raggiunto dagli « specialisti » in questo campo rappresenti un nuovo modo d'espressione di portata e finalità tutt'altro che trascurabili, e tale da costituire una nuova sorgente d'impressioni: un modo tuttavia che, pur utilizzando vibrazioni sonore, non ha più alcun vero rapporto con la musica. Se dovessi definirlo in relazione a quest'ultima, lo chiamerei volentieri « l'amusica »...

La musica oggettiva, che non è affatto un linguaggio, ci apre le porte di un mondo nel quale l'uomo e quasi sempre assente.

Che cos'è dunque la musica oggettiva? Secondo il mio intendimento, è una musica prodotta dalla combinazione di sonorità realizzate coscientemente per uno scopo ben definito, in base a una precisa conoscenza dei loro effetti sull'organismo umano o su altre forme esistenti. Questa musica non ha un « soggetto » - o se ne ha uno, è solo per mascherare un'intenzione più profonda - ma soltanto un insieme di obiettivi, tra cui quello di dare all'uomo una conoscenza sperimentale di alcuni aspetti del mondo e di se stesso, provocandogli dei moti capaci di illuminarlo e di animarlo in una determinata direzione.

Secondo Gurdjieff e alcune tradizioni, i suoni hanno il potere di suscitare forze che, per la nostra incapacità di vivere a un giusto livello, possiamo percepire solo nei loro aspetti secondari. È vero che la musica tocca, commuove, fa marciare al passo, fa danzare o stridere i denti, incanta i serpenti o accelera la lattazione nei mammiferi; ma la cosa di solito resta a questi livelli, e per noi il mito di Orfeo o la distruzione delle mura di Gerico appartengono al campo dell'epica leggendaria. Noi non riusciamo a immaginare una musica capace d'indurre effetti esteriori che non siano il risultato di un impulso cui l'uomo o, a rigore, un animale, si ritiene obbediscano su comando della musica stessa.

Al di là dei suoni utilizzati in combinazioni che nel corso dei secoli hanno dato luogo a tante esperienze, è possibile supporre l'esistenza di altri suoni, altre sequenze, altre sovrapposizioni, altri ritmi capaci di indurre risultati « fisici » o di toccare un mondo psichico più profondo? Esistono un suono o una musica in grado di trasmettere una conoscenza, di rendere folli, innamorati, di spostare gli oggetti o di uccidere? Esiste una musica oggettiva che gli uomini non sono in grado di udire? Ciò che vi è di oggettivo in certe musiche non è forse proprio ciò che non si può udire e che può essere soltanto percepito?

La legge d'ottava, o legge delle vibrazioni, enuncia il principio che « ogni nota di qualunque ottava può essere considerata un'intera ottava a un altro livello ». Ciò si verifica perché le vibrazioni hanno la proprietà di scindersi in «vibrazioni interiori»: e così ogni ottava può risolversi in un gran numero di « ottave interiori »

La stessa divisione si riproduce più volte, sicché ogni nota della prima ottava interiore contiene un'intera ottava, che a sua volta contiene in ogni sua nota un'altra ottava interna completa e così via...

È chiaro che anche l'orecchio umano più esercitato non e in grado di distinguere le vibrazioni prodotte dalle « ottave interiori » molto al di là dell'ottava intera racchiusa nella nota ascoltata tutt'al più può percepirne le « armoniche » (un'intera scala formata secondo un certo ordine: ottava, quinta, quarta, ecc.) che suppongo si possano considerare come l'espressione percettibile della prima ottava interiore contenuta in una certa nota.

E dunque gran parte delle vibrazioni che compongono una singola nota sfuggono a ogni percezione uditiva. Se, come dice Gurdjieff, « la musica oggettiva è interamente basata sulle ottave interiori », « ciò che non si sente » è appunto l'essenza della musica oggettiva. Ma certamente queste vibrazioni impercettibili si sviluppano su « piani » più interni (e perciò più elevati) a ogni livello, i quali corrispondono a « piani » analoghi esistenti al nostro interno: e su di essi la loro azione si esercita In modi che sfuggono alla nostra percezione.

Com'è dunque possibile produrre una musica di questo tipo, chi e in grado di comporla e chi è capace di riconoscerla?

La legge del sette o legge d'ottava consente di determinare i successivi livelli di trasformazione e di evoluzione sia delle sostanze esistenti in natura - in particolare i cibi - sia delle « qualità d'essere » proprie a ciascuna parte, o centro, dell'uomo. I tre centri, coi loro piani e relative suddivisioni, e i due « centri superiori » coi quali l'uomo non è praticamente mai in contatto, sono collegati secondo i princìpi della stessa legge, cioè hanno tra di loro (in particolare rispetto ai ritmi interni e alla qualità di energia utilizzata) dei rapporti di vibrazione analoghi a quelli esistenti tra le note di un'ottava. Inoltre, senza voler entrare nei dettagli del complesso edificio proposto da Gurdjieff a modello dell'Universo, ogni livello sul quale agiscono le diverse parti dell'uomo corrisponde a un identico livello sulla senta delle vibrazioni che, partendo dall'Assoluto (Vibrazione originaria - Sorgente - Dio) scende fino alla sostanza più grezza, sostanza la cui inerzia rallenta le vibrazioni al limite dell'estinzione.

Teoricamente, chi si dedica alla ricerca e si mantiene in contatto coi diversi livelli della scala cosmica esistenti al proprio interno, può risalire con uno sforzo cosciente fino ai più alti gradini accessibili all'uomo. Il suo sforzo evolutivo consiste nel tentare la scalata alle ottave ascendenti che, partendo dal livello in cui l'individuo si trova al momento dato, lo mettono successivamente in contatto coi livelli più alti. Così l'uomo riesce a stabilire una relazione coi suoi centri superiori, i quali utilizzano energie animate da vibrazioni inaccessibili a quelle dei centri inferiori. È lecito ipotizzare che i livelli superiori entrino in comunicazione coi livelli successivi delle ottave interiori contenute entro un'unica nota grazie all'affinità delle loro vibrazioni. Se l'ipotesi fosse corretta, l'uomo pervenuto a un certo stadio evolutivo potrebbe percepire dentro di sé, tramite ciascun livello di cui è costituito, le vibrazioni corrispondenti alle ottave interiori di ogni grado, e ciò teoricamente fino al penultimo grado prima dell'Assoluto (mondo stellare - H6).

Proprio come i tentativi dell'uomo dedito alla ricerca procedono in senso inverso al flusso della vita corrente, così le ottave interiori si sviluppano contro corrente rispetto all'ottava creatrice attraverso cui s'esprime la musica. Tali ottave sono ascendenti (o evolutive) all'interno del sistema di vibrazioni costituito dalle note nel momento in cui si manifestano, note che in tal caso appartengono a ottave discendenti (o creatrici). Ecco perché le ottave interiori conferiscono alla musica oggettiva un'altra dimensione (nel vero senso della parola) che la contraddistingue da tutte le musiche note.

Di conseguenza, attraverso la musica, l'uomo può entrare in contatto con vibrazioni appartenenti a mondi cui non si applicano le leggi normali della propria vita. Se l'uomo pervenuto a un certo grado evolutivo decide d'esprimere particolari stati di coscienza o di trasmettere un messaggio tramite il mondo dei suoni, comporrà certamente una musica che, a livello delle ottave interiori impregnate delle stesse vibrazioni che animano le sue parti superiori, conterrà un potere particolare, percepibile dagli altri in modo più o meno cosciente, ma anche del tutto inconsciamente. Per quale ragione una musica del genere non dovrebbe provocare come logica conseguenza certi « risultati » esteriori che, per noi miracolosi, sarebbero semplicemente conformi alle leggi dei mondi analoghi alle sue vibrazioni?

Senza arrivare a tanto, è ovvio che le musiche composte in modo che le ottave interne contengano certe qualità, possono fornire squarci e impressioni di una conoscenza che non appartiene al nostro mondo. Nei casi migliori, esse risveglieranno zone estranee alle parti di uso corrente in ogni centro, e le loro vibrazioni, determinando in noi movimenti ben definiti, saranno in grado di provocarci impressioni assolutamente non comparabili a quelle della musica soggettiva; e tuttavia, per riconoscere tali impressioni e riceverne utilmente il messaggio, dovremo certamente sottoporci a determinati sforzi e risvegliare parti di noi che sono al di là delle parole, dei suoni, delle idee o delle sensazioni e che raramente ci sono accessibili, ma che funzionano con la stessa qualità d'energia contenuta nelle ottave interiori della musica oggettiva.

A questo livello, la musica non e più soltanto un linguaggio, ma un autentico mezzo di comunicazione tra mondi che s'ignorano, una via verso quella Conoscenza che molti uomini cercano altrove.

Quante persone oggi, nella nostra civiltà occidentale, sono in grado di produrre una « musica oggettiva » che risponda a questa serie di condizioni?

Esiste però una musica che, pur non essendo composta con le necessarie conoscenze, possiede caratteristiche tali da potersi probabilmente avvicinare ad alcune qualità della musica oggettiva. E per me la musica di J.S. Bach, forse a causa della mira bile scienza musicale dell'autore, a causa della perfezione delle sue opere e della qualità del suo « mondo interiore » - per tutte queste cose insieme, naturalmente - appartiene a un livello dal quale traspare qualcosa che proviene da un altro mondo. Insomma, colui che può produrre una musica oggettiva è « l'uomo cosciente », collegato alle zone prossime al centro emozionale superiore e dotato dello strumento tecnico atto a materializzare in notazioni musicali le impressioni percepite. Come l'esecutore, collegato internamente alle parti più sensibili delle zone emozionali e intellettuali più vive, trasmette al suo strumento, al di là dell'azione fisica, la vibrazione misteriosa che permette all'ascoltatore di partecipare alla sua emozione, così un compositore « cosciente » si limiterà a lasciare che nella sua musica s'introducano, senza artifici e per il solo fatto che si manifestano dentro di lui, le vibrazioni del mondo superiore in cui egli vive.

E le ottave interiori, vibrando con quelle « in simpatia» come le corde mute del sitar, trasmetteranno al ricercatore attento un messaggio tanto silenzioso quanto efficace.

Si pone allora una domanda di estremo interesse: esistono oggi musiche oggettive a noi accessibili?

Ve n'è una comunque che credo vi si avvicini, una musica che ho sentito molto tempo fa, improvvisata da Gurdjieff, e che non ho mai dimenticato. E certamente ne esistono altre che l'occidente di oggi ignora o si rifiuta di prendere in considerazione: con ogni probabilità, se avessimo occasione di ascoltarle, potremmo riconoscerle.

L'opera musicale ispirata da Gurdjieff, piuttosto considerevole, si discosta palesemente dalle vie della musica soggettiva anche nei casi in cui, come capita spesso, possiede un significato esplicito e si riferisce a un evento o a un preciso atto interiore. Questi riferimenti servono solo a indicare una direzione, ma il suo aspetto essenziale è quello di provocare in chi l'ascolta un'apertura di carattere ben definito.

Analogamente, la musica composta per accompagnare i movimenti è un richiamo, un commento, un modo complementare di dire le stesse cose. È una musica che tocca il corpo e il sentimento, e siccome l'intensità vitale di questi due centri, cosi moltiplicata, si trascina dietro anche il terzo, è una musica che serve d'aiuto all'essere intero. E l'uomo, trovandosi nella corrente di due forze di identica qualità, scaturite però da due supporti diversi, viene sollevato da tutte le parti e in qualche modo sospinto, suo malgrado, verso livelli di percezione e di comprensione insperati.

L'uomo che procede sulla via cerca ogni giorno di raggiungere il traguardo rappresentato dal risveglio a un livello d'essere che l'immagine mentale o il desiderio più intenso sono incapaci di determinare da soli. Alcune musiche ispirate da Gurdjieff rispondono alla definizione che ne dava egli stesso: « una fonte di giusta comprensione di un aspetto della conoscenza »; e, sapendole ascoltare, sono uno dei mezzi escogitati da Gurdjieff per condurci alla comprensione senza bisogno di parole, tramite la via più diretta.

Di qualunque forma sia rivestita, questa musica conserva il suo potere. E tuttavia il suo carattere e la sua apparente semplicità non autorizzano un giudizio basato su criteri ordinari. Spoglia degli abituali ornamenti, essa può anche apparire insignificante a chi considera la sontuosità dei mezzi, un segno di qualità, o a chi l'ascolta soltanto attraverso un apparato artificiale infarcito da opinioni e da giudizi altrui, da una conoscenza dovuta all'educazione e all'abitudine, o da una lunga pratica di musiche comunemente note. Per potersi aprire a quest'altro tipo di musica, bisogna accantonare quelle parti di noi che normalmente assorbono le impressioni musicali per classificarle, giudicarle e decidere senza appello della loro qualità, e mantenere un'assenza di giudizio durante tutto il tempo in cui questa musica cerca il suo posto dentro di noi, perché, una volta che l'abbia trovato, ogni giudizio diventa ridicolo e soprattutto inutile.

E tuttavia la musica, a qualunque livello appartenga, per manifestarsi ha bisogno, come anche il teatro e la danza, di un interprete, il cui contributo, secondo la qualità di chi svolge questa funzione, può essere soltanto associativo o, al contrario, evidenziare nel contenuto dell'opera una ricchezza altrimenti inaccessibile.

Qualunque sia la musica suonata, l'interpretazione non consiste soltanto nell'eseguire più esattamente possibile le note dello spartito secondo il tempo prescritto, cercando di far passare nel suono dello strumento, o nella voce, gli stati emotivi del compositore provati a sua volta dall'interprete a contatto con la musica. Può succedere infatti che gli stati emotivi siano suggeriti più dal titolo dell'opera o dalle supposte intenzioni dell'autore che dalla reale capacità dei suoni in sequenza a provocarli, autorizzando così l'esecutore a immettere nell'interpretazione, ancor più del solito, i propri moti sentimentali.

Ciò non toglie che alcuni interpreti abbiano la convinzione di partecipare con tutta l'anima all'espressione del contenuto profondo della musica. L'influenza di un sentimento ipersensibile plasmato dal potere dei suoni può conferire all'esecuzione una densità che nutre ugualmente l'ascoltatore e l'interprete. Per quest'ultimo la musica è una fonte di gioia identificata allo scopo della propria vita, e rappresenta una via die l'impegna sempre più totalmente. Nella nostra civiltà, gli unici criteri, a parte ogni questione pubblicitaria, su cui si basa generalmente la gerarchia degli interpreti sono da un lato la ricchezza, la varietà e l'intensità dei moti emozionali messi al servizio della musica, e dall'altro il virtuosismo.

Per rendere sensibile il potere dei suoni, la partecipazione più fonda dell'interprete è tuttavia necessaria. Occorre cioè una particolare disponibilità dell'intero strumento vivente, affinché un'infinità di relazioni sottili si annodino attraverso di lui restituendo ai suoni il loro vero potere, che consiste nel suscitare in chi ascolta un complesso di forze capaci di risvegliare emozioni e sensazioni la cui ampiezza e i cui limiti, data la nostra ignoranza circa le potenzialità dello strumento umano, non siamo in grado di prevedere.

L'interpretazione strumentale, soprattutto quella che utilizza il pianoforte, richiede una prestazione complessa che coinvolge tutte le funzioni dell'esecutore. In tale prestazione, ciascuno degli eventi fisici o psichici la cui somma costituisce l'atto del suonare non viene generato soltanto dallo « volontà » emessa dal particolare apparato da cui esso dipende. Siccome ogni apparato è saturo di attenzione attiva, il meccanismo acquisito attraverso anni di esercitazioni non pesa più gravemente sull'insieme: allora il sentimento si libera dalle banalità cui è inconsciamente attaccato, e il pensiero, cacciando il corteo delle immagini effimere, si adopera a distribuire l'attenzione, sicché lo strumento vivente, liberato dalle costrizioni invisibili che ne ingabbiano il talento, offre alle forze liberate dai suoni una trasparenza attraverso cui potrà manifestarsi il potere generalmente accidentale delle « ottave interiori », quelle ottave cioè che danno alla musica, anche nelle opere soggettive, una dimensione superiore.

Offrire una prestazione di questo tipo significa anzitutto operare sugli strumenti psichici e sul corpo una sottile decontrazione che faccia piazza pulita di tutte le fonti d'impulsi automatici che normalmente governano l'attività delle funzioni. E cosi il comando, grazie all'attenzione emanata da un pensiero vigile, passa alla parte più lucida delle singole funzioni. La funzione motoria, in particolare, realizza un sostanziale risparmio di energia. Ogni movimento, animato interiormente da una « presenza » che di solito manca, offre alle sollecitazioni una scioltezza e una libertà tali da conferire all'esecuzione materiale una fluidità del tutto inedita. La totale sottomissione di ogni muscolo all'impulso avvertito istintivamente dall'intero apparato, oltre a favorire lo sviluppo del virtuosismo, dà a ogni nota una qualità sonora che apre dentro di noi le porte solitamente chiuse di un mondo in cui i suoni esercitano uno strano potere.

Quando si trova in questa condizione, l'interprete, stabilito saldamente in se stesso, diventa uno strumento che ha maggiore coscienza delle forze contenute in quella musica di cui egli sta liberando l'essenza profonda. L'ascolto delle note e della loro qualità, l'attenzione applicata a escludere le immagini associative, la sensazione del corpo rilassato, il vivo interesse all'espressione dei suoni e al loro susseguirsi secondo leggi armoniche forse concettualmente ignorate ma percepite come realtà, consentono prestazioni così elevate da conferire all'esecutore il titolo di interprete in tutta la pienezza del suo significato, ossia di colui che esprime verità inaccessibili senza la sua mediazione.

Ma per l'interprete il risultato potrebbe essere ben più prezioso. Trovandosi al centro della corrente di forze che lo attraversa, egli riceve in ogni sua parte la vibrazione profonda di cui è fatta la vita reale, trasmessagli dallo sforzo necessario a mantenere attivi gli elementi che partecipano all'espressione di quelle forze. La ricerca via via più attiva degli elementi che gli trasmettono questa sensazione ogni volta che esegue una musica, e la comprensione interiore risultante dal sentirne il bisogno, lo potrebbero condurre a una conoscenza di sé che farse avrebbe mai pensato di cercare in questa direzione.

In tal caso la pratica della musica e la sua interpretazione potrebbero essere una scuola...

Come tutto, d'altronde... se non fossimo così assurdamente inchiodati alle malefiche conseguenze dello stato di sonno in cui viviamo.

X

I percorsi interiori

Come mai, pur avendo trovato in me una ricchezza cui a nessun costo vorrei rinunziare, mi riesce così difficile accedersi e conservarla?

Vivo quasi sempre in una « astrazione » che me ne separa, e alla quale, ancora, tengo molto di più. Questa astrazione è la somma di tutti i movimenti, interessi e pensieri che costituiscono la mia vita concreta di ogni giorno. Concreta nel senso che, fondata su un supporto materiale e svolgendosi in un mondo di materie - e la sostanza psichica non fa eccezione - la mia vita fa parte di un ciclo ben preciso caratterizzato da una materialità fin troppo evidente e, dato che riceve energia da diverse fonti, può percorrere da sola il proprio tragitto, portando con sé un passeggero addormentato che la priva di ogni legame cosciente con quell'universo di cui essa è una particella e la mia attenzione più fine l'ipotetico intermediario.

Dal momento in cui l'attenzione comincia a partecipare alla vita, funzionando da filtro tra il sottile e lo spesso, diventa evidente come l'inerzia acquisita in lunghi anni di percorsi incoerenti, a causa dell'automatismo che caratterizza i processi concreti della vita, costituisca una spessa muraglia intorno al tesoro a poco a poco intravisto.

Il peso di questa inerzia, il piacere irresistibile di tutti i movimenti della vita, l'interesse dedicato alla loro manifestazione e l'abitudine di obbedirvi, costituiscono appunto l'astrazione che tiene prigioniera la mia ricchezza.

Una prigione dalle mura immaginarie che preferisco alla mia libertà... Che stranezza!

Nei confronti degli altri mi manifesto attraverso l'astrazione in cui vivo: ciò che do agli altri e ciò che cerco negli altri e proprio quest'astrazione. Tutta la nostra vita di relazione si fonda su questo immenso malinteso.

Comincio ad accorgermi di essere in fondo all'abisso, e talvolta urlo. Ma non tanto spesso e non tanto forte da poter ricevere ancora più aiuto di quanto ne stia ricevendo, come certo sarebbe possibile.

Cosa aspettiamo per renderci conto che il nostro vero bisogno non è affatto espresso dalle domande rivolte a coloro che ci precedono?

Quasi sempre le nostre domande sono ancora legate all'immagine dell'obiettivo da raggiungere costruita dalla nostra astrazione, e questa immagine ne deforma l'aspetto. Come ci può arrivare un valido aiuto a partire da un obiettivo cosi immaginario? La ricerca di un obiettivo concreto e accessibile esige il rifiuto dell'astrazione in cui siamo immersi.

Per esserne in grado abbiamo bisogno di tutti, sia di quelli al di sopra di noi che di quelli al di sotto, e pure di ciò che e dentro di noi e che è nuovo, vivo, inaccessibile e presente...

Perché mi trovo qui, adesso, in questo preciso istante del tempo e in questo preciso luogo dell'universo?

Una domanda prematura e senza senso finché molte altre non avranno trovato risposta. Quali sono gli elementi costitutivi della coscienza che ho di me come realtà vivente? In che modo sono collegati questi elementi a costituire l'essere che sono? Qual è la loro relazione e qual è il loro scopo rispetto alla Volontà che ha stabilito le leggi in base alle quali sono apparsi e funzionano?

Ancora e sempre domande... La ricerca dell'uomo non è altro che una serie di domande. Tutto sta nel modo di porle. Quando l'uomo cerca una risposta a partire dai dati esistenti nel suo « sapere », le domande perdono ogni utilità e la ricerca diventa un gioco gratuito: è il metodo più sicuro per smarrire la strada. Se egli invece si pone in un certo modo di fronte alle domande, almeno una parte della risposta compare da se come risultato dello sforzo interiore compiuto.

Una domanda deve restare sempre viva. Una domanda è viva quando l'interesse destato provoca un atteggiamento di ricerca attiva caratteristico del risveglio. Al contrario, la ricerca di una risposta appunto perché bisogna trovare la risposta - rimette in moto le parti associative che fanno appello alla memoria, al materiale registrato, a una volontà di « fare » che ricade negli ordinari processi automatici. Eppure dovrei sapere che le risposte alle mie domande essenziali non si possono trovare in questo modo: dato che non conosco a sufficienza i percorsi interni per arrivare dove si trova la verità, mi perdo regolarmente in sogni assurdi, immaginando risposte frammentarie che talvolta riflettono un singolo aspetto della verità e talvolta le sono totalmente estranee.

Ma viene un giorno - oppure si presentano momenti privilegiati - in cui domande e risposte non son più che una cosa sola, un'evidenza che non richiede conferma né aiuto: è il momento in cui, come si dice, « l'uomo è Maestro di se stesso ». Diventare il proprio Maestro significa avere la possibilità d'inserirsi in un circuito interiore in cui domande e risposte si completano istantaneamente per fare una cosa sola: la Conoscenza. Tale Conoscenza permette all'uomo di crearsi le condizioni d'esistenza più conformi alle regole dilettamente sentite come le uniche giuste, capaci cioè di condurlo a un livello che il cammino interiore percorso gli consente di riconoscere come l'obiettivo raggiunto.

Per ora le cose stanno in modo ben diverso: spesso la mia vita appartiene agli interessi del momento, ciascuno dei quali diventa « io ». E tuttavia mi succede che certi elementi sottili si raccolgano nel punto dove la mia attenzione più fine s'insedia ogni volta che lascia da parte gli strumenti ordinari ai quali di solito s'identifica. Ciò che appare diventa allora l'espressione della mia realtà più elevata, il punto culminante di tutti i livelli cui finora m'è dato di accedere. In quel punto si manifesta una vita più reale, e ogni istante cosi vissuto diventa un « quanto » che, sommato agli altri, costituisce la traccia luminosa che segna il passaggio di me come essere vivente in una porzione del tempo occupato da questo mondo.

Ma quella vetta, per quanto viva ne sia la sensazione, è solo un frammento della mia totalità. Anche se un giorno dovrà essere il centro, la dimora del Maestro, essa non si può isolare da tutto ciò che la circonda, da tutti quegli strumenti di percezione e di manifestazione tramite i quali io sono in contatto col mondo. Questi strumenti, e il corpo fisico che ne fa parte e li contiene, pur essendo la causa della mia continua caduta, sono anche i mezzi per ingaggiare la lotta. L'attrito che ne risulta fa ardere il fuoco che un giorno cambierà ogni cosa.

Io cerco di capire dove passa il sentiero che, a partire da quel punto centrale, arriva ai vari strumenti nei quali continuamente sparisce la mia attenzione. Forse che l'orbita su cui gravita ciascuno di essi attorno al centro del sistema è anch'essa soggetta, come nel mondo degli astri, a leggi cosi complesse da sfuggire ai miei mezzi d'indagine? Certamente è così, visto che tutto si ripete a tutti i livelli. Anche se la matematica che esprime queste leggi non ha niente in comune con quella utilizzata dagli astronomi, la scienza necessaria per comprenderle resta per me un mistero.

Eppure s'intravede un mondo ordinato simile all'altro, dove si muovono esseri animati, nascosti, imprigionati dalle forze che ne difendono l'accesso, come i segreti affidati agli antichi libri di magia mediante parole che non li rivelano...

Sì, l'uomo è un libro dove è scritto tutto. Allo stesso tempo messaggio e messaggero, egli porta in sé il segreto di Dio continuamente offerto alla vista di tutti.

Io sono quell'uomo, e il segreto è dentro di me: perché, secondo per secondo, sono condannato a ignorarlo? Qual è la forza che me ne separa e me lo fa regolarmente cercare altrove?

Un sentiero! Invece di cercare un sentiero verso l'altrove, non dovrei forse piazzarmi anzitutto con la fiaccola accesa in mezzo al magma ribollente delle mie funzioni per imparare a conoscerle?

Per quanto io sia il campo della loro manifestazione, che cosa ne so di loro, e che cosa ne so di me? Non mi ricordo né il momento della mia concezione né quello della mia nascita, e della morte non so proprio nulla. Passo quaggiù come l'ombra della mia vita proiettata sullo schermo che maschera il mondo reale, e quasi sempre non son che quell'ombra. Un tale oceano di ignoranza non può avere altra pretesa se non subire e accettare che l'esistenza sia fatta di giochi puerili talmente identificati con « la vita » da costituire un pretesto per la mente, un alimento venefico per il sentimento, e da rivestire l'illusione con un manto di autentica verità.

Ciononostante, la mia vittoria consiste nell'avere ogni tanto un po' di chiarezza, di esser cosciente della mia ignoranza cercando di esserne sempre più cosciente. Sapere di non sapere è già conoscere.

In quei momenti, si sviluppa una forza interiore che mi collega a ciò che proviene da altrove, e mi risveglia alla vita reale... Allora lascio l'ombra piatta proiettata sullo schermo del mondo illusorio per unirmi al corpo e alla vibrazione che lo anima. Entro in contatto con la vita, con il corpo - ossia la materia che avvolge la vibrazione universale -, e lo spazio e il tempo si espandono. Che importa quanto è lunga la vita, se la vivo dormendo? Ogni istante di risveglio sfugge al tempo ordinario, e fa nascere un tempo nuovo che amplifica dentro di me la sensazione della durata tramite l'intensità acquisita da ogni suo attimo.

Ma subito tutto ridiventa ordinario perché voglio capire, e l'atto comandato dalla volontà specifica nata dal bisogno del momento mi fa perdere il contatto con la precedente coscienza di un luogo e di una realtà diversi. Lo stesso sforzo diventa un ostacolo, e ogni passo in avanti è un passo fuori strada.

Dovrò nutrirmi soltanto della presenza miracolosamente apparsa in un istante di vita, e rimanere lì a contemplare in un'ambigua beatitudine la cruda verità su me stesso? Ogni movimento è destinato a precipitarmi o in un risultato immaginario o in uno sforzo teso a una ricerca troppo remota: in entrambi i casi avrò smesso di « essere » e sarò « divenuto ». Ma divenuto chi, e che cosa? Ridivenuto piuttosto, ridiventato una macchina che però sa di essere una macchina: una macchina umana diversa dall'uomo vero, perché ogni manifestazione umana tentata in queste condizioni e travolta sul nascere dal dilagare delle forze che animano il sapere, il voler fare, l'abitudine, e impediscono il gioco normale delle funzioni e la giusta collocazione dei rispettivi desideri e bisogni da parte di una volontà unica e indipendente.

Quale sia lo sforzo corretto, e quale comprensione occorra averne, è senz'altro il problema più difficile da risolvere. Dall'esiguo crinale su cui camminiamo, rischiamo continuamente di precipitare a destra o a manca, e da entrambi i lati la caduta è altrettanto fatale

Pellegrini di un'erta impossibile attirati dalla speranza!...

Per una sera ho ritrovato, con la massima intensità, la scaturigine del pensiero proveniente dal punto al mio interno in cui convergono tutte le comprensioni attualmente possibili.

Basta illuminare con un'attenzione acuta l'idea in esame perché le si radunino subito attorno, come in un campo magnetico apparso all'istante, i fili dei rapporti fin qui sconosciuti che uniscono quell'idea ad altre dello stesso livello o di livelli totalmente diversi. Come ho già detto in precedenza, è così che sento me stesso dire cose che non sapevo.

Cionondimeno, un pensiero del genere non è affatto creativo, salvo che per creazione non s'intenda il fatto di stabilire tra le idee o le cose relazioni non ancora evidenti, e il cui risultato è una nuova entità mai apparsa in precedenza.

Le cose - o le idee - sono. Da se. In sé. Senza che intervenga il pensiero o la mano dell'uomo. Esse appartengono a un ordine in cui si stabilisce un tessuto di relazioni tra le varie forze che le cose o le idee contengono, forze dalla natura sconosciuta il cui insieme costituisce ciò che talvolta viene chiamato « l'Essere del Mondo ». Esse sono, senza che l'uomo debba necessariamente manifestarle.

E tuttavia, la maestà dell'uomo consiste nel fatto di potersi inserire in quest'ordine, del quale forse è cosciente solo un livello Superiore Dio -, di poter suscitare al proprio interno qualche aspetto parziale del piano dell'Universo, di essere in un certo senso il luogo in cui si stringono relazioni di un ordine che ci resta ignoto e che senza l'uomo rimarrebbe forse allo stato potenziale col risultato di mancare all'equilibrio del mondo.

L'essere di un uomo non è forse l'ampiezza delle relazioni che egli riesce a instaurare a un certo livello? E la sua coscienza non è forse la visione chiara, la comprensione globale del proprio potere e delle conseguenze che ne derivano?

Un appassionante indirizzo di ricerca da perseguire.

In certi giorni il pensiero è incapace di mantenersi attivo al livello auspicato, e la pigrizia ha la meglio. Sento il pensiero scivolare verso una zona di minor resistenza e vagare sulle cose sfiorandole appena. Con un colpo deciso cerco di tirar su la baracca, come un fardello caduto da rimettere in spalla. Ci riesco una volta, due volte, dieci volte, ma poi devo per forza rinunciare, e non mi resta che trascinarmi appresso un fagotto imbrattato dal fango del sentiero...

L'attenzione si aggrappa soltanto alle immagini facili, adatte al processo automatico che le sforna una dopo l'altra: e il mio sentimento vi aderisce senza riserve. Tuttavia nel profondo rimpiango di sprecare così una parte del tempo che ho a disposizione. Tutte queste ore perdute in balìa di un pensiero dedito solo a illustrare supinamente i bisogni puerili di un sentimento incollato alla mediocrità assediano la parte di me che resta sempre più o meno illuminata, e la obbligano al rimorso.

Ma, ahimè, non è questa la cosa essenziale, e persino la speranza diventa una scusa: sapere che ben altro è possibile è un ottimo pretesto per accettare supinamente gli istanti di sonno e per convincermi che sono momenti destinati a finire. Attimo dopo attimo la mia vita si consuma, inutile e gratuita, col mio tacito assenso.

Ascoltare la voce di colui che veglia e che nel profondo di me ripete senza stancarsi: « È più tardi di quanto tu pensi »...

Scopro che è avvenuto un cambiamento. L'interesse della mia vita si è spostato verso una condizione di lavoro che comincia a includere una parte dello strato esterno in cui solitamente vivo. Ma sento di essere ancora lontano dal momento in cui tutto potrebbe ruotare intorno a questo centro d'interesse. Negli ultimi giorni non ho mai smesso di portarmi dentro quello che è il punto principale della mia attuale ricerca: l'idea di « morire a se stessi ».

« Risvegliarsi, morire, nascere », tre stadi successivi dei percorsi interiori che l'uomo deve compiere per raggiungere lo scopo finale. Ma quanto è ancora difficile comprendere queste cose!

Mi sono reso conto che avvicinare questa comprensione non significa cercare, ma ritornare continuamente a quel luogo dentro di me dove tutto procede in modo diverso dal solito e raccogliere le forze che mi trascinano verso l'ordinarietà: solo così, tutto ciò che vive in me sul momento diventa un interrogativo. Un interrogativo molto particolare perché non esige risposta, ma si nutre della mia vita che, a sua volta, è un perpetuo interrogativo. Al contrario, se lascio che si delinei una risposta, lo stato d'interrogazione svanisce e tutto è perduto.

Ciò mi permette di vivere lunghi momenti migliori: non sono mai stato così sicuro di aver compiuto un altro passo. E non mi preoccupo affatto di sapere se è un passo importante o no - anche questa è una novità -: d'altra parte, importante per chi? Adesso vedo con più chiarezza quell'aspetto di me che pretendeva di valutare e giudicare, e so in profondità che vivere significa superare progressivamente alcuni gradini, cosa che sto appunto facendo.

Alcuni gradini da superare con gran sofferenza, che però mi avvicinano alla cima della scala al cui termine, dice Gurdjieff, si apre la Via.

Un viaggio dentro di me. Non appena comincio a raccogliermi, il sogno torna all'assalto e rioccupa le sue posizioni: organizzazione della casa, problemi professionali; poi ritorno a me e subito ricado, pensando a questo diario in cui ho deciso di annotare l'esperienza in corso; ancora ritorno a me e di nuovo ricado... Osservare non è cosi facile: talvolta un « vuoto » passivo mi separa dalla vita, poi arrivano le impressioni del passato, viaggi, luci, paesi dorati, mare infuocato, tracce d'istanti migliori col loro profumo di vita.

M'illudo di aver capito ciò che mi travolge, e invece mi limito a sentirlo con più chiarezza, a percepirne la forza enorme che si ammassa in un certo punto, e non ne comprendo invece la natura e la relazione con la mia parte più cosciente, ne per quale motivo vi sono tanto attaccato. Il pensiero ordinario è separato dalla vita profonda, e lavora in quello strato dell'esistenza che mi tiene prigioniero. Ecco ciò cui bisogna « morire » quando si parla di « morire a se stessi ». Ho la nausea di essere cosi, una nausea che presto sparisce, anch'essa inghiottita e dissolta in quello stesso modo di essere.

Tuttavia il mio pensiero diventa più fluido e comincia a unirsi alle forze sottili e a farsene complice contro la massa in cui nascono i sogni e le immagini. Come morire a tutto ciò, ossia come espellere dal mio organismo psichico questa massa informe di cui la mente costituisce un mostruoso parassita?

Forse bisognerebbe capire meglio cosa significa morire. Morire... una separazione brutale e definitiva tra un'energia e il siri supporto organico! Gurdjieff dice che « morire a se stessi » è un evento che avviene di colpo, una volta per sempre. Dunque, è come la morte fisica. Solo allora compare l'uomo cosciente, l'uomo nuovo, e la coscienza sopravvive alla morte di quello vecchio. E per quanto riguarda la morte fisica? Vi sono tante parole per definire ciò che le sopravvive, ma sono soltanto parole...

Per comprendere la morte, bisogna anzitutto comprendere la vita, e per comprendere la vita bisogna certamente partecipare a tutte le forme reali che essa può assumere in noi, e soprattutto saper generare in noi l'Uomo nuovo, il nuovo Adamo, il figlio dell'Uomo, colui che, ha detto il Cristo, è la Vita. Concepire, tenere in gestazione e dare alla luce la coscienza non significa forse realizzare il fine supremo dell'uomo, nel qual caso egli diventa Padre, Figlio e Spirito? « Ogni nascita viene dall'Alto » scrive San Giovanni. È stato anche detto - è il Cristo che parla - « per nascere, anzitutto bisogna morire ».

Questo viaggio lontano mi ha fatto scoprire « occhi per vedere e orecchie per intendere », relativamente, è ovvio, e solo per un attimo: ma in misura già sufficiente perché mi senta più adulto e risollevato.

Sufficiente anche per vedere che se in me « le volpi hanno una tana e le creature del cielo hanno un nido », il Figlio dell'Uomo invece « non ha dove appoggiare la testa », e abbandonato, rinnegato, crocifisso a ogni istante, in me non ha ancora il suo posto.

Prima che arrivi, bisogna « morire »... Che misteri sussistono ancora! Ma dal mio viaggio io ritorno più umile, e non proprio uguale a colui che l'aveva intrapreso.

Vi sono momenti in cui il mondo sensibile che sono in grado di percepire è oscurato dalla negatività. Il gusto amaro di una vita squallida e inutile trabocca, e insozza ogni cosa. Eppure nel mondo non è cambiato nulla, se non io. Il mondo per me è immutabile, mentre io non sono che cambiamento, instabilità, la vita è movimento, cioè azione, ma la mia vita, a parte i processi organici, non è che sgretolamento, caduta, squilibrio. Come trovare in me un centro a partire dal quale una volontà possa ordinare pensieri, sentimenti e sensazioni in modo che, da essi animata, una vita cosciente dei suoi bisogni e della sua finalità possa svolgersi in modo armonioso? Io invece mi trovo in potere dello strato menzognero interposto tra la realtà del mondo e la mia realtà, e cerco ottusamente di sfuggirvi.

Ma bisogna proprio fuggirlo? Anche i meccanismi fanno parte di me. però io sono incapace di contenerli e di percepirne il funzionamento nello stesso momento in cui percepisco la mia verità. Tutti gli sforzi per trovare un'altra condizione s'infrangono contro una forza che sale a ondate dentro di me, sommergendomi completamente. È una forza che può contare sul mio pieno consenso e che ha il gusto caratteristico del sonno, cioè un gusto di mollezza e di faciloneria. Lo sforzo che sto facendo in questo momento per mettere insieme e scrivere queste cose viene continuamente intaccato da ondate di sonno, e da quando ho iniziato la pagina, quante volte vi ho già rinunciato...

Come cogliermi più spesso in flagrante? Come uscire da questa indegna vita larvale e approdare alla luce di un pensiero? Oggi non ho alcun pensiero, ma soltanto una sfilza d'immagini effimere; il tempo si disperde in istanti subito dimenticati, e io scrivo con la frangia esterna di un pensiero senza corpo e incapace, se non per qualche attimo, di restare in quel punto sconosciuto di me in cui viene percepito, peraltro con molta vivezza, uno strano fenomeno: essere addormentato, perduto, beffato, saperlo, sentirne il gusto ed essere al contempo incapace di uscirne. Io non abito il mio corpo, esso si limita a contenermi: ma non c'è nulla di esplicito e di concreto che metta in relazione il contenente e il contenuto.

Tutto ciò che tocco non è altro che polvere. Che cosa può meritare una vita del genere? Come può esserci un'immortalità per questa « cosa »? Anzi, è proprio questa la « cosa » che muore. Devo trovare un'« anima » a partire dall'ignoto che è in me e che proprio adesso m'illumina e mi fa vedere come sono. Devo allontanare le frontiere dell'irrealtà nella quale si svolge quasi tutta la mia vita psichica, povera vita che il vento si porterà via con la polvere di ciò che son stato... Un'« anima » nata dallo sforzo e dalla sofferenza, dono di Dio fatto a credito che occorre però conquistare, luogo dove si riconciliano la vita e la morte, traguardo, ahimè!, purtroppo lontano...

Tuttavia le cose si modificano leggermente e il pensiero si rinforza un pochino ma tutto il resto e ancora lì, sono proprio io questo spaventoso enigma, e mi viene da gridare aiuto. Non voglio mancare la mia vita, non voglio essere un ammasso di carne animato per un istante, e poi sparire nel nulla! Non che il nulla mi turbi, al contrario, una parte di me accetta volentieri il suo aspetto calmante; ma sotto la polvere talvolta scocca una scintilla che, come in questo momento, diventa fiamma e rischiara il cammino diretto alla Fonte. Verso l'Alto s'innalza una preghiera, muta e giusta come non mai:

« Dio che non riesco a immaginare, che sei dentro di me, fa' che io serva come devo servire, fa' che muoia ciò che deve morire e che viva ciò che in me ti appartiene »...

XI

Distensione

Ho trascorso un'intera settimana di riposo in famiglia. Nonostante il brutto tempo quasi continuo, questi altipiani della Lozère spazzati dal vento e dalla neve mi ricaricano in modo estremamente incisivo.

Avverto con molta intensità lo strano potere di queste regioni selvagge quasi abbandonate; sembra che qui la stretta della vita ordinaria si allenti, e s'instauri una nuova respirazione che favorisce un diverso ritmo di vita.

Queste montagne erose conservano misteriosamente la traccia invisibile di una vita mille volte distrutta nel corso dei millenni, ma che, incontestabilmente, resiste. Pini isolati contorti dal vento, rocce di forma bizzarra emergenti da un tappeto d'erba rada interrotto qua e là da squarci di terra rossastra, vasti deserti di pietre grigie: per chi accetta di metter da parte il suo mondo abituale, questo paesaggio dal lirismo particolare diventa un'inestimabile occasione di riposo. Un paesaggio alieno dalla facile gioia di visioni grandiose in cui l'entusiasmo dilaga e l'uomo, più o meno completamente, si perde. Qui l'uomo ritrova la sua semplicità e si sente rasserenato, libero da un certo tipo d'influenze che, portando troppo nutrimento a una sola sua parte, rompono l'equilibrio necessario per cercar di conoscersi.

La bellezza di questo paese non si esprime in termini ordinari, e sta tutta nella purezza che qui ciascuno deve raggiungere in sé dopo aver respinto sia i canoni che normalmente definiscono la bellezza, sia il bisogno di cose sensazionali comunque presente in ciascuno di noi.

Così spogliati, siamo finalmente in grado di accogliere la sua influenza aspra e vivificante, come un soffio rigeneratore proveniente dalla terra aspirato dalle forze dell'Alto che abitano dentro di noi. Rinuncia alle seduzioni, potenza del deserto: due elementi che aiutano l'uomo a incontrare sé in se stesso.

A poco a poco abbandono il fardello degli affari, entro proprio in vacanza e, impercettibilmente, il peso della vita professionale diventa ogni giorno più lieve. Gioia di sistemarsi in uno chalet tutto nuovo costruito nell'incavo di una valle circondata da alte montagne: secondo le ore, i colori cambiano, lasciandoci ogni giorno più estasiati.

Conto di potermi riposare, ma anche di pensare, cercare, comprendere meglio lo schema dell'uomo tramite le idee fondameli tali di « personalità, essenza, sapere, comprensione, coscienza, essere » sulle quali abbiamo lavorato quest'anno.

Avverto in profondità il passaggio dal « sapere » - un materiale cosi facilmente disperso dal vento dell'oblio - alla « comprensione », conquista definitiva, stabile, ricca, che mi appartiene in proprio e che nulla può sottrarmi. Comincio a vedere e a capire l'uomo ordinano che è in me, coi suoi interessi, le sue abitudini, i movimenti della sua vita emozionale, i bisogni delle sue funzioni. Tutti questi elementi si completano o si oppongono in base alle influenze casuali che ogni parte di me esercita sull'altra sotto la pressione di eventi esterni cui tali parti sono incondizionatamente soggette. Queste reazioni si ammantano però molto pomposamente di nomi come volontà, decisione, libertà, ecc. , e io non ho alcun dubbio sulla mia capacità di capire, di « fare », di amare, o di emettere giudizi perentori su qualunque cosa.

Però sotto intravedo un uomo del tutto diverso, un uomo di cui il precedente non era che la proiezione esterna, un'ombra cinese sulla facciata visibile del mondo. La cosa più straordinaria non è tanto la sua complessità e il fatto che sono ben lungi dal vederne tutti gli aspetti, bensì il fatto che egli esista su una scala finora invisibile estesa all'intero mondo cosmico, e che per ciò costituisca la vera via verso la Conoscenza Totale. Comprendere quest'uomo significa comprendere tutto (costoro hanno occhi, ma non vedono...). Entrarvi in contatto significa risvegliarsi, significa vedere e comprendere simultaneamente, significa « essere », essere vivo per un istante in una certa qualità del tempo e dello spazio, colmo di un'evidenza vissuta al di là di ogni comprensione.

In Provenza. Dalla terrazza dove sto scrivendo mi sazio dell'armonia delle colline digradanti fino al mare, immerse nella straordinaria luce dorata della Provenza in quest'ora serale. Sta per cadere la notte, una brezza leggera si leva ad accarezzare il mio corpo quasi interamente svestito. La natura è generosa, e qui più che altrove io amo la vita che mi è stata donata.

Mi accorgo di non essere più l'uomo degli ultimi anni: in me si è instaurata una nuova relazione, e il divario fra l'uomo ordinario e colui che cerca non è più cosi netto. In passato, le vacanze mi gettavano quasi sempre nelle braccia dei divertimenti ordinari, lasciando nello sfondo i miei veri problemi cui dovevo ritornare con sforzo. Quest'anno, invece, le due cose sembrano essersi relativamente fuse insieme, lasciandomi una specie di distacco - un tempo avrei detto saggezza - che tempera la sete del piacere e stabilisce una distanza foriera di giorni sereni. Credo che la ragione di questo fatto non vada cercata soltanto nel peso dell'età, visto che mi sento in grado di avere gli stessi slanci degli ultimi anni: ma è come se altri desideri avessero preso più forza soffocando alcune resistenze finora insormontabili. Come primo risultato, riesco a evitare sia quei rimpianti nei quali amavo crogiolarmi, sia quelle speranze largamente intrecciate di sogni nelle quali, in circostanze del genere, non potevo fare a meno di rifugiarmi. Adesso mi limito ad accogliere il presente come viene, mentre sento risvegliarsi in me la capacità, quasi sempre dimenticata, di apprezzare le minime cose.

Ho la sensazione di avvicinarmi a uno stato d'essere diverso, uno stato in cui le forze suscitate dal lavoro impregnano quella massa d'impressioni registrate dentro di me che costituiscono il pesante bagaglio cui quasi sempre mi tocca soccombere. È emerso un nuovo interesse, costituito sia dagli interessi di un tempo sfrondati dei sogni più assurdi che li animavano, sia dagli interessi che in passato si manifestavano solo in fasi privilegiate. Percepisco l'abbozzo di un percorso interiore lungo il quale il centro d'interesse della mia vita complessiva ruoterà intorno a questo nuovo stato: e finalmente comincio a sentirne il carattere irreversibile.

Mi starò avvicinando alla sommità della scala che conduce alla Via? Può darsi, ma non ne sarò convinto fino a che il centro di gravità della mia esistenza non si sarà spostato in quel punto di me, dove tutto ha un'altra densità, e fino a che quello stesso centro non sarà governato, come adesso ne sento la possibilità, da un insieme di forze provenienti dall'Alto e dal basso, intimamente fuse tra loro, e ormai responsabili di quello strano e meraviglioso apparato vivente che si manifesta nella mia persona.

Festa. Sono pieno d'ammirazione per il modo in cui è stato realizzato il programma di questa giornata. I gruppi di lavoro più anziani avevano il compito di organizzare l'aspetto materiale della festa, e anche di animarne la parte principale. Mettere insieme trecento persone, preparare un ambiente decoroso pur non disponendo di mobili, ma solo di assi, chiodi e relativi attrezzi, servire a tavola un vero pasto, il tutto senza baccano, senza fretta, senza precipitazione, nel rispetto degli orari e nella massima armonia, richiede una preparazione minuziosa, una mente attiva e una volontà d'aiutarsi a vicenda che soltanto la presenza di un'autorità unanimemente riconosciuta può rendere possibile.

Quante ambizioni sacrificate, quanti sentimenti calpestati, quante ingiustizie subite, quante ferite d'amor proprio inflitte per poter ottenere un risultato del genere!

Il lavoro dei tre gruppi incaricati di studiare le tradizioni giudaica, islamica e buddista costituiva l'elemento centrale della giornata. Per cinque ore consecutive, un compendio del loro studio, presentato in tono un po' serio e un po' faceto, inframmezzato da musiche varie, è riuscito a catturare, quasi senza cedimenti, la nostra migliore attenzione.

Dalle profondità dei secoli, l'uomo cosciente ci trasmette il suo messaggio, e noi ci sentiamo più vicini a lui che ai nostri contemporanei addormentati coi quali abbiamo a che fare tutti i giorni. Tanto il derviscio che utilizza il supporto del corpo e il ritmo nel quale s'immerge per ritrovare il legame che lo unisce alla sorgente, quanto il monaco zen svegliato ogni mattina dal battito inesorabilmente accelerato di una percussione che guida la sua salmodia diventando un esercizio di respirazione per lui e per tutti coloro che sono in ascolto, ogni esempio ci trasporta in una zona di noi dove tutto acquista un'altra dimensione.

Chi mai dall'esterno potrebbe credere alla ricchezza di questi momenti e capire l'aiuto che ne riceviamo? Invece dei clamori assordanti che di solito accompagnano queste occasioni, soltanto un brusio uniforme, continuo, pronto a spegnersi al minimo cenno. Le gioie funzionali del corpo, in gran parte false, i piaceri del sentimento, gli scambi gratuiti di menzogne unanimemente riconosciuti come tali, e tuttavia posti a fondamento delle relazioni ordinarie fra gli uomini: come oggi sembrano lontane e irreali queste cose! Certo, alcune delle nostre indistruttibili menzogne non possono mancare anche qui le « persone » si incontrano, si parlano, si giudicano, forse con un po' meno crudeltà del solito, ma pur sempre piene di presunzione; ciononostante, il bisogno comune di un nutrimento diverso, lo sforzo tentato insieme, il senso nuovo che un identico lavoro ha dato alle nostre vite, fanno sì che dove siamo riuniti si formi un'atmosfera densa e sottile al tempo stesso. Il riso tra noi suona chiaro e giusto, una volta alleggerito del peso delle nostre immagini, e la canzonatura, purgata del suo aspetto critico, diventa gioiosa e spazza via la polvere della nostra considerazione.

La festa allora consiste nel fatto che per un attimo siamo diversi, liberi dal mondo che ci tiene schiavi in permanenza, nel fatto che viviamo tutto questo insieme e che la libertà ritrovata ci permette di esprimere la nostra gioia.

Che festa oggi per me! Uomini, miei compagni in questo mondo, sento per voi una compassione infinita! Voi passate la vita aggrappati al possesso delle cose - o a un insieme di idee - come a un salvagente che credete sicuro. Ma poi viene il momento temuto in cui bisogna mollare la presa, e i flutti vi portano via. Verso quale fine? Per qualcuno un soave paradiso, per altri il nulla: poco importa, non è questo il problema di oggi.

Il problema, oggi, è comprendere la vita affinché la vita sia vissuta da noi e non noi dalla vita, come succede a qualsiasi animale. La vita ci viene data, e tuttavia noi, al contrario, ci diamo ciecamente alla vita, cercando di barare lungo tutto il percorso per cavarne qualcosa... come fanno le prostitute.

Uomini, compagni miei, perché dormite cosi profondamente? Eppure bussano spesso alla vostra porta: i problemi che vi tormentano, la visione folgorante ma subito dimenticata dell'assurdità del mondo come lo concepite, la guerra terribile e gratuita, la morte degli altri...

Ma l'essere mostruoso della civiltà, pazientemente costruito da dieci secoli di « progresso », vi ha ipnotizzati fino ai limiti estremi del subcosciente, e l'ultima cosa che possiate accettare è di essere immersi nel sonno.

Ma l'uomo e ben altra cosa da quell'animale superiore cui voi continuate a ridurlo; non sono soltanto l'intelligenza e le facoltà creative a distinguerlo dalle altre specie viventi, ma la sua possibilità di accedere a uno stato di coscienza che voi confondete coi livelli più sottili dell'intelletto o i moti più intensi del sentimento. Per voi il massimo è il genio.

Non crediate però che la mia compassione derivi da qualche senso di superiorità. Nulla ci dispone di più all'umiltà quanto il vedere quello che siamo. Ciò che mi riempie è l'amore, l'amore per l'uomo, per te mio fratello, mio simile; per te non posso fare nulla, ma ora ti vedo più distintamente dietro alla maschera dove ti nascondi senza nemmeno rendertene conto. E la mia compassione diventa sofferenza di fronte alla tua tragica illusione. Qui non c'è tempo per la beatitudine, qui la vita batte con la sua inesorabile pulsazione: gioia sofferenza, veglia sonno, verità illusione, nascita morte, l'una cosa mai senza l'altra!

Uomini, miei compagni, svegliatevi...

« Stamattina anch'io ho potato le mie piante di rose. » In questi giorni in cui, dopo l'intermezzo delle vacanze, si riprende il lavoro, questa risposta del giardiniere all'amico lontano è per me la fiaccola che illumina la catena formata da noi tutti insieme. Potrebbe essere la parola d'ordine della carovana che, attraverso l'inerte distesa del tempo, porta con sé la pena e la speranza degli uomini che si sono votati alla ricerca intrapresa.

Tu che all'altro capo del mondo stamattina hai potato i roseti, pur senza conoscerti io ti ero vicino, perché nello stesso momento ponevamo le stesse domande, incontravamo gli stessi ostacoli; eri anche tu, come me, un uomo sofferente, implorante, mentre i nostri respiri purificati bagnavano con la loro presenza ogni cellula dei nostri corpi ed entrambi restavamo attenti, desiderosi di cogliere la luce delle forze provenienti dall'Alto che ci siamo spartiti tra noi, da buoni fratelli...

Ciò che ti ha portato il momento della meditazione l'ho provato anch'io, e tu che all'altro capo del mondo - o dietro la porta di questa stanza - hai sentito il peso del sangue alleggerirsi a contatto con lo spirito, io ti riconosco come fratello di colui che io ero ancora un attimo fa.

Guarda come svaniscono nella purezza del nostro cielo le nubi ostili che ci nascondono l'uno dall'altro! È bastato che ci unisse la sofferenza comune, e che insieme compissimo lo sforzo inaudito che soltanto l'inverso della nostra volontà è in grado di esercitare, perché un'alba ancora incerta di pazienza e d'amore cominciasse a spuntare su di noi.

Sei lontano eppure vicino, sei « il prossimo », colui senza il quale non sarei che disperazione e solitudine, colui che al di là delle sciocche menzogne devo amare come me stesso... Ma come amare questa cattedrale di carne, di sangue e di spirito in cui le campane di mille sogni risuonano a ogni secondo come la campana a morto della mia coscienza assente?

Prima bisogna che il loro cantico cessi, e che il tabernacolo ardente di tutti i desideri assurdi si apra alla freschezza del mio silenzio... Allora soltanto apparirà l'Amore, fontana generosa, seme alato venuto all'improvviso attraverso lo spazio interiore, dove non avevo saputo cercarlo.

L'Amore viene durante la notte, seme accolto nel profondo della mia carne, una carne moltiplicata dalla vittoria sulla morte e sull'amarezza. Con una parola, un gesto, un profumo, tu, mio prossimo nel momento del risveglio, mi porti un tesoro che raccoglie insieme i frammenti sparsi del mio sonno. È così che l'Amore infiora la mia presenza, e che le parole « amerai il prossimo tuo come te stesso » prendono vita...

Poi di nuovo ricomincia la calca che mi travolge e mi getta in pasto un intruglio di cibi immondi; la festa di un attimo tace come un'acqua richiusa su se stessa, e tu ridiventi l'altro, straniero implacabile, specchio della mia menzogna. Anche se sei un amico.

Per il resto del giorno ho vagato nella rasa vuota, ascoltando i canti funebri della mia gioia ordinaria, lontano dai viali del giardino che non avevano più niente da dirmi. Come se tu non fossi mai esistito.

Eppure anch'io stamattina avevo potato le mie piante di rose..

Trovo sempre più penoso vedere come certe persone restino in balìa del pensiero associativo. La loro attività mentale si limita a un rimuginio ininterrotto del materiale informativo sedimentato come fango sulle parti più esterne della memoria, e la loro conversazione spesso non è altro che un'insipida ciarla. Come un film proiettato fuori dall'apposito schermo, i loro discorsi si risolvono in un ammasso informe e confuso di suoni che il tempo inghiotte senza lasciarne più traccia.

Questo genere di persone, se per caso il discorso prende una forma che potrebbe condurre fuori dalle banalità associative, con un torrente di parole, gonfio di detriti del loro pensiero morto, cancellano immediatamente ogni possibile impulso in una direzione diversa, e tutto ricade.

La cosa mi è diventata insopportabile. Eppure è proprio così che avvengono sostanzialmente gli scambi nelle relazioni tra certe persone. Se è vero che sono necessari momenti di distensione, e se è evidente che di tanto in tanto bisogna deporre il fardello, non posso però più accettare che un'intera esistenza sia inesorabilmente e definitivamente votata a un'irrealtà del genere.

Che illusione la loro vita! Costoro vivono perpetuamente sospesi, trascinando la loro esistenza su sentieri che fin dall'adolescenza vagano tra deserti e paludi per finire un giorno in chissà quale eternità di tenebre...

Da anni cerco di sfuggire a questo diabolico ingranaggio e di sottrarre il pensiero all'affossamento progressivo cui è inesorabilmente votato dall'esistenza meccanica. Posso dire di esserci riuscito?

È vero che non sono ancora arrivato molto avanti, ma ho la certezza di procedere su un sentiero che mi conduce, se non a un traguardo visibile, almeno a qualcosa il cui gusto di vita mi anima a ogni passo.

A una ragazza. « Percepisco fisicamente l'Amore che Dio ha per me, e non voglio rinunciare a questa realtà nemmeno in cambio di risposte idonee a risolvere i mille problemi che ho »...

Ecco, brevemente riassunto, il problema di una ragazza, peraltro insoddisfatta dal contenuto della sua vita.

Ho provato a chiedermi che cosa può essere per lei l'Amore di Dio.

L'apparato emozionale dell'uomo è animato da una certa qualità d'energia, cioè da un combustibile adatto al suo funzionamento; e fin dall'inizio ogni momento vissuto lascia sulla memoria corrispondente la traccia dell'impressione ricevuta tramite quell'energia. Tutte le impressioni reagiscono tra di loro, e a poco a poco costituiscono una « forma » che l'uomo riconosce come il mondo abituale dei sentimenti nel quale poi risuonano e s'imprimono le vibrazioni emotive delle nuove impressioni percepite. Da un individuo all'altro, il contenuto può essere interamente diverso: in alcuni casi, l'influenza autentica delle Tradizioni, recepita attraverso la religione, è particolarmente profonda e durevole, soprattutto se esercitata prima che lo strato inciso diventi troppo spesso.

L'apparato emozionale, per le sue intrinseche qualità, per il posto che ha nell'uomo e per gli atomi dei mondi superiori di cui è parzialmente costituito, può ricevere e tradurre esplicitamente le vibrazioni di energia fine emanata dai livelli che man mano risalgono fino alla Sorgente.

Perciò, al di là delle molteplici immagini di Dio e del Mondo evocate dalla religione, immagini che ciascuno percepisce in modo diverso rispetto alla forma e al potere, e di cui quasi sempre tutti si ritengono soddisfatti, esiste una forza, proveniente dagli strati più interni dell'apparato emozionale come sua espressione primaria, che bagna l'intero essere con l'onda chiamata universalmente AMORE. Strano, sconosciuto, incomprensibile, quest'amore, che l'uomo ordinario non può eguagliare, si collega in modo del tutto naturale al Supremo Inconoscibile, Dio, di cui l'uomo crede di essere l'amata creatura. Allora una vita nuova, animata da questa forza, attraversa l'individuo nella sua totalità, fino a impregnare il mondo fisico che lo limita esteriormente Amore di Dio: in fin dei conti, quale modo migliore per chiamare questa forza vitale, e perché mai contestarne il nome?

Tu che sembri temere che te lo si tolga, tienitelo pure stretto come il bene più prezioso.

E però, quale uso ne fai? Una cosa tanto elevata potrebbe mai non saziarti del tutto? Non è forse il pane della tua vita interiore? E allora perché senti fame?

In realtà, al di là del suo aspetto rassicurante, tu lasci che l'Amore di Dio ti sprofondi nella molle apatia di chi si crogiola d'averlo ricevuto.

Che cosa t'importa realmente, l'Amore di Dio o l'immagine di te stessa colmata da quell'Amore?

No, aspetta prima di rispondere e di indignarti. È molto difficile essere totalmente sinceri, perché in questo campo niente è più simile alla verità della menzogna.

Conoscere la verità su se stessi è il bene più raro e più difficile da ottenere. Noi crediamo di desiderare la verità, di conoscerla. Osserva meglio: quando ti interroghi a questo proposito, c'è sempre qualcuno che risponde al tuo posto. Se l'Amore di Dio in te è cosi forte, così presente, così prezioso, sei certa che lo rispetti in tutta umiltà, che l'accogli come un dono eccezionale, che lo proteggi e gli dai il primo posto? Probabilmente no: in te vi sono dei personaggi che lo accolgono e se ne nutrono come se fosse un loro diritto, come se avessero fatto qualcosa per meritarlo. Senza rimorsi e senza vergogna, forti della loro orgogliosa umiltà, costoro se ne vanno proclamando ad alta voce il loro silenzio raccolto al suo cospetto, e tu, tu non puoi fare altro che seguirli...

Sì, lo so, non è questo il tuo caso: tu sei modesta, non hai alcuna pretesa, sei cosciente della tua pochezza, sei sincera. Tu certo lo sei, ma non quelli che pensano, sentono e parlano per bocca tua.

In verità, tutto ciò è ancora molto lontano, e ci vorrà molto tempo prima che tu ci veda più chiaro.

Ma non è un buon motivo per rinunciare e per continuare a vivere aggrappata al mondo d'immagini dietro il quale senti una verità nascosta. No, devi semplicemente accettare di conoscerti, senza pietà, crudamente, braccando l'illusione nascosta dietro i movimenti che hai sempre considerato come l'espressione di ciò che sei, e che in realtà sono solo il riflesso di ciò che sei diventata.

Conoscersi significa riconoscere dentro di se il ladro, il bugiardo, il furbo, l'usurpatore, il servo che la fa da padrone, affinché ciascuno riprenda il suo posto. Significa anche scoprire, tramite una certezza proveniente dall'interno e prodotta da un tipo di pensiero ancora sconosciuto, che l'organizzazione fondamentale dell'essere chiamato « uomo », e l'Universo nel suo complesso, sono la stessa cosa in scala diversa: l'uomo creato a immagine di Dio. Infine, significa assistere al gioco armonioso delle forze di varia natura che agiscono in te, la cui tastiera ti sarà un giorno accessibile e ti permetterà di sostituire l'organetto meccanico con uno strumento docile di cui, con sorpresa, sarai perfettamente padrona.

Allora, forse, avrai meritato che l'Amore di Dio non rappresenti una droga di cui non puoi più fare a meno.

La vita è un fiume che ci attraversa, invisibile dalla riva dove noi ci troviamo.

Come un fiume è tale perché costituito dall'acqua in movimento all'interno del letto che lo contiene, così per me la vita è reale soltanto se sono interamente animato dalla vibrazione sempre nuova che essa introduce nei movimenti d'ogni livello di cui sono capace. Tali movimenti, come quasi sempre avviene, possono essere causati da un impulso automatico a sua volta prodotto dal flusso vitale; ma io non posso chiamare « vita » l'insieme di manifestazioni da cui tale flusso è assente.

Quando esso è presente, allora la vita è una gioia, anche se dà sofferenza. Gioia nel senso di intensità, pienezza e distensione insieme, come se all'improvviso io riempissi tutto lo spazio che mi è stato assegnato, mentre di solito erro minuscolo in un mondo in cui sono perduto.

Ma una vita di questo tipo non viene data gratuitamente. Talvolta, con una certa intensificazione del sentimento, è possibile acquistarne a buon prezzo un surrogato, e molti se ne accontentano, non conoscendo nient'altro. In tal caso la vita « si vive » senza di noi, e vivere allora significa passare il tempo provando il maggior numero possibile di sensazioni preferibilmente piacevoli e cercando di scartare le altre, oppure significa dare ad alcune di esse una forza tale da far sì che il passaggio continuo della vita raggiunga un'intensità talmente elevata da ricevere il nome di Vita con la V maiuscola, mentre non è che il risultato dell'accelerazione momentanea di un processo identico ai precedenti: esperienza che ci allontana ancor più dulia vita reale.

È la stessa cosa che anch'io troppo spesso continuo a chiamare vita. Dentro di me, la buona novella non è stata ancora annunciata ovunque, tuttavia è presente il bisogno di una vita diversa; e se con questo bisogno mantengo un certo contatto, tal volta scatta la vibrazione che cambia ogni cosa. Il mio interesse in questo momento è interamente rivolto alla ricerca degli elementi necessari a far apparire questa nuova sensazione di vita e l'atteggiamento interiore indispensabile per arrivarci. Ecco quanto ho capito: ciò che per me è incontestabilmente buono, profondamente vero, fondamentalmente giusto, se accolto con un atteggiamento d'imparzialità, cioè senza il giudizio soggettivo della persona e nello stesso tempo con un'attenzione attiva, richiama la vibrazione che dà gioia e valore alla vita.

E questo può succedere in qualunque momento. L'attenzione è giovinezza!

La montagna s'arrossa ai raggi obliqui del tramonto. La roccia si commuove e s'intenerisce, il suo regno si fa meno aspro, e le falde distese ai suoi piedi verdeggiano con più intensità.

In me si leva il calore dei momenti privilegiati, e attorno alle zone sensibili, dove risiedono i supporti di energia che l'attenzione rende più vivi, diventa percettibile una vibrazione di vita. Il sole, la terra, io... Il raggio che ci unisce si flette in una spirale inconoscibile, e al suo interno la mia coscienza di essere paga un tributo a ciò che la trascende. Pietà, riconoscenza, speranza!

A tre passi da me, nell'erba rasa, spunta una testolina, grossa appena come una noce, che mi fissa con un sorriso malizioso e uno sguardo rivolto un po' di faccia e un po' di tre quarti. Chi sarà mai questo folletto spumato improvvisamente dalla terra ad attrarre la mia attenzione, assorbendola interamente? Forse la diabolica materializzazione di un rappresentante di quella legione d'invasori ai quali tutto il giorno mi tocca dare battaglia e spesso soccombere? Può darsi...

Per un istante ho giocato con lui. Poi, incuriosito, ho provato ad avvicinarmi, ma al primo gesto esso è sparito, e al suo posto ho trovato soltanto un minuscolo fiore e due fili d'erba vibranti alla carezza del vento.

XII

Vegliare Attendere Soffrire Sperare

La meta cui mi avvicino si precisa man mano che aumenta la mia comprensione e s'illumina il sentiero sul quale mi sforzo di procedere. La meta è il contenuto delle idee rivelate da questo Insegnamento, vissuto a poco a poco in prima persona, in modo che ogni esperienza costituisca una pietra dell'intero edificio.

Io credevo ciecamente che una cosa sola avesse importanza: raggiungere la meta prevista a coronamento di un'intera vita di sforzi e sacrifici. Ma adesso vedo che, quando comincio a immaginare la meta, s'interrompe il contatto con la realtà viva dell'istante di coscienza che talvolta mi viene concesso e di cui sento profondamente il valore. E subito ripongo il gusto di questa verità nel classificatore mnemonico in cui s'accumula l'arsenale della mia vita interiore, dove poi ingenuamente mi metto a cercare gli elementi più preziosi che costituiscono la meta ideale cui tendo.

La meta può essere solo l'istante presente, l'istante in cui arde la fiamma scaturita da forze illuminate per un secondo, l'istante in cui tutto cessa di essere rappresentato e si accontenta di essere, l'istante in cui ogni atomo in me, che sia corpo, pensiero o desiderio, si trasforma collegandosi al tutto mediante una sostanza strana, avvolgente, indefinibile, invincibile, ma pronta a svanire, di cui sembra esser fatta la coscienza.

Sono come un uomo che stia annegando, e soffoco e mi dibatto nelle ondate d'oblio che ogni giorno mi travolgono, emergendo giusto il tempo di tirare il fiato una volta. I giorni passano svelti, e il mio capitale d'istanti via via si riduce senza che il contratto divino sottoposto alla mia qualità d'uomo sia stato minimamente onorato.

Quando mi volto a guardare i mesi passati, percepisco a fatica la traccia di un sentiero che attraversa la fuga dei giorni vuoti e delle ore perdute.

E tuttavia, non sempre ho dormito. Il barlume di coscienza che mi abita nel momento di percepirmi esistente resta però prigioniero dei meccanismi psichici che identifico come « io ». Tale barlume viene immediatamente riportato al livello di percezione di quei meccanismi, e finisce così per confondersi con un momento di miglior comprensione.

La coscienza di sé non si può paragonare direttamente ai movimenti della vita psichica o organica per esprimerne le differenze di valore, le comuni unità di misura sono inutilizzabili. La coscienza di se sta a quei movimenti come lo zero all'infinito, e questo fatto spiega quanto siano erronee le conclusioni formulate dalla mente e provate dal sentimento quando, in quei particolari momenti, mente e sentimento cercano di introdurre la coscienza nel mondo percepito in maniera ordinaria e di esprimerla mediante parole che, per quanto infiorate, sono comunque inadatte a costituire un linguaggio capace di descriverla.

In un lampo vedo il pensiero scorrere davanti a me con tutte le sue implicazioni: giudizi di valore, paragoni, durata, limitazioni d'ogni sorta; e pure davanti a me si trovano, separati, il corpo e tutte le sensazioni provate: davanti a me vuol dire davanti all'equazione « io coscienza », ossia luce, silenzio, principio vissuto fuori del tempo e del luogo materiale in cui mi trovo, sorgente immutabile di vita che non può diventare ne forma né linguaggio né pensiero, e che svanisce nell'istante in cui uno dei miei strumenti di percezione cerca di fissarla in un'immagine, una definizione o un'idea.

La coscienza, unita in tutte le sue dimensioni come la superficie del cielo, è la continuità ideale inaccessibile alla mia condizione di oggi fatta soltanto di discontinuità. Tuttavia la coscienza non può essere percepita come una continuità. La vita stessa non è una continuità: diventa tale solo quando la « penso ». La mia vita, in perpetua trasformazione, presta il suo movimento alla coscienza che senza la vita per me non avrebbe esistenza.

Ecco perché l'idea che la durata e la continuità della coscienza siano qualcosa da acquisire è un'illusione suggerita dalla « mente ». La coscienza accorda ai fenomeni una risonanza nuova che instaura fra loro una relazione diversa e li colloca al posto giusto. La meta vicina e lontana - non potrebbe allora essere l'acquisizione di una continuità assoluta dell'influsso che la coscienza, in perpetuo movimento ascendente e discendente sull'asse perpendicolare al piano della mia vita funzionale, esercita sulle mie manifestazioni? Il punto di convergenza delle linee di forza emesse dalla coscienza e inscritte in filigrana in ogni mia manifestazione, sarebbe allora il centro di gravità permanente attribuito all'uomo cosciente di sé.

Ma tra le zone illuminate in cui si ordinano le impressioni, fonte e motore della vita funzionale, e l'equazione « io » coscienza », si leva una cortina di piombo: per oltrepassarla, e necessaria una particolare energia che talvolta sento presente, e che si esprime tramite un « suono » le cui vibrazioni silenziose impregnano l'insieme del mondo sensibile che percepisco; in tal caso non sono più vissuto dalla mia vita, ma divento io-attivo rispetto alla mia attività funzionale, restituita al suo giusto posto di materiale destinato a favorire il perfezionamento di un complesso di relazioni che io chiamo « evoluzione ».

Si delinea così una nuova tappa: un livello d'essere in cui ciò che in me più spesso è attivo, pur mantenendo la sua intensità, prenda il posto occupato oggi dall'elemento passivo e addormentato all'interno della triade in cui s'inscrive la mia esistenza, e sia sostituito da un nuovo fattore attivo, esprimibile col termine « volontà », dal contenuto ben diverso da quello solitamente concepito; in tal caso la Coscienza, forza determinante sia causa che effetto, animerebbe l'uomo vero che sarei così diventato.

Per raggiungere questo obiettivo, resta da superare la prova più ardua: lottare contro il nulla in cui mi trovo sempre invischiato, proibire alla mente i sentieri troppo facili dov'essa ama perdersi, e soprattutto liberarmi dalla pigrizia e dalla paura di soffrire.

Sono in cammino verso una nuova dimora? Nella vecchia casa popolata di sogni radicati fin dall'adolescenza, l'aria talvolta diventa irrespirabile. Non basta più aprire le finestre per lasciar entrare ventate d'aria pura e raggi di sole, bisogna cambiare tutto.

Siccome dovrò lasciarla una volta sola per sempre, oggi ancora non posso uscirne, ma essendo inabitabile in queste condizioni, mi tocca allargare le porte, abbattere i tramezzi, congedare i servi disonesti e proporre agli altri una nuova forma di convivenza.

Certi giorni la caricatura di « morire a se stessi » assume per me il significato di « piantar lì baracca e burattini »!...

Da qualche tempo le domande che mi vengono rivolte fanno sorgere in me nuove risonanze. Esse agiscono in modo diverso all'interno di ciò che finora le riceveva e le analizzava per poi comporre, partendo dai vari punti che rimandavano un'eco, una risposta in cui la mente si sforzava di non essere determinante.

Tramite un processo di cui comincio a comprendere la natura, oggi posso accedere a una zona che va al di là del livello intelligente in cui, nei casi migliori, si svolgeva l'evento suddetto. In questa nuova zona, un ascolto attento conferisce alle domande che mi vengono rivolte una nuova dimensione, e tra i vari aspetti ch'esse contengono, improvvisamente inglobati in mia visione più ampia, si viene a stabilire un rapporto, sicché la risposta porta in sé non soltanto un'indicazione più ricca, ma anche un potere di convinzione che soddisfa una domanda più esigente.

Ma per me questa zona è il palazzo delle illusioni perdute, perché qui ogni sensazione già provata e ogni idea già compresa viene rimessa in discussione.

Qui le cose acquistano una densità che gli eventi di cui io normalmente sono sede e motore non hanno mai conosciuto. E non solo le cose più comuni nel caso dei movimenti profondi della mia vita interiore, quanto più sono forti e chiaramente sentiti, tanto più avverto la vanità delle impressioni già registrate. Qui le vibrazioni che essi producono non sono più inghiottite dai meccanismi sottili che di solito se ne impadroniscono per godere di quei movimenti e per sperimentarli, spiegarli e scriverli in questo diario; esse al contrario li mantengono al di fuori di ogni valutazione discorsiva e si accontentano d'investire senza immagini il campo della mia coscienza, al quale conferiscono un gusto finora ignoto.

La sensazione di me ha il potere di rivelarmi il nuovo posto che occupo sia rispetto al mio mondo interiore sta rispetto al mondo circostante, instaurando tra di essi relazioni di tipo diverso. Ora percepisco la vanità di quegli stessi valori che erano stati adottati dalla mia parte migliore, e di quei giudizi che anni di vita un po' meno incosciente mi avevano permesso di formulare. Anche se i dati restano gli stessi, la loro valutazione e il loro apprezzamento sono interamente da rivedere.

La realtà è ben diversa da quanto ne avevo capito. Senza che le apparenze siano cambiate, è avvenuto uno spostamento nei rapporti che mi legano alle idee, alle sensazioni e alle cose, e si è formata una nuova gerarchia che rende più fragili le vecchie certezze. Un mondo simile a se stesso guarda la propria caricatura finora scambiata per realtà.

Non appena lascio andare - anche solo un pochino - la forza luminosa che mi abita, subito le false ricchezze, smascherate per un istante, mi riprendono.

Come l'ombra e la luce si alternano su un medesimo oggetto, così ancora a lungo mi toccherà sopportare la convinzione dolorosa che la verità del momento è menzogna.

In un batter di « non so che » ritrovo il posto appena perduto, e mentre il nuovo mondo mi accoglie, io fatico per tenere a distanza quell'universo di presunzione e menzogna, che peraltro son io, in mancanza del quale dovrei immediatamente bruciare questo « Diario » fin dalla prima pagina.

Nell'uomo due parti si oppongono e si negano a vicenda: da una parte ciò che, sul piano delle funzioni, riempie il tempo della vita e costituisce sia il supporto di un insieme di meccanismi destinati alla trasformazione di un certo livello d'energia sia la manifestazione concreta dei processi che la realizzano, dall'altra una parte sottile la cui funzione si ricollega ai fini cosmici superiori cui l'uomo è fondamentalmente destinato, ma dei quali non abbiamo che un vago presentimento. Questo antagonismo, una volta venuto alla luce, permette all'uomo di ingaggiare una lotta per la coscienza. Nel corso della battaglia, di tanto in tanto appare una terza forza che riconcilia le prime due e da all'uomo una sensazione di Unità. E tuttavia l'Unità appartiene soltanto all'estremo più sottile di ciò che in lui è infinitamente sottile, e io so per esperienza che, se osservo me stesso, tutto ciò che riesco a percepire come uno, l'insieme di ciò che il campo più esteso della mia coscienza ordinaria può abbracciare, non ha che un riflesso effimero e sempre incompleto dell'Unità cui posso teoricamente e idealmente aspirare.

Intatti l'uomo è costruito su più livelli della scala cosmica, e il cammino compiuto verso ciò che egli sente come la sua Unità, verso ciò che in lui è permanente e immutabile, gli fa superare nello stesso tempo i vari gradini della scala. La conoscenza che l'uomo acquisisce, la sua coscienza di uomo n° 4 e n° 5, l'aiuta a comprendere il mondo cosmico di cui gli uomini n° 6 e n° 7, come dice Gurdjieff, hanno piena coscienza. L'uomo è il re dell'impero di mezzo, un regno dalle frontiere coincidenti con quelle del mondo che gli e accessibile. La sua maestà consiste appunto nell'occupare un posto centrale dal quale può esercitare un potere di conoscenza in tutte le direzioni.

Perché l'uomo è quasi sempre incapace di regnare, e chi gli contesta il potere?

Ancora una volta, un anno sta per finire. Che cosa me ne è rimasto? Mi sento procedere a passi da gigante verso la morte, e nello stesso tempo percorro a piccoli passi una strada che, senza essere opposta, e però molto diversa.

Ma il fatto di vederle entrambe fa' si che diminuisca il terrore...

Come se tutto fosse compreso. Come se la mia vita trovasse così la sua risoluzione armoniosa, eliminando sia la paura che sente il mio corpo, sia la sofferenza di ciò che in me si rifiuta di credere che tutto finisca...

Esiste un punto all'orizzonte che non sia il baratro passivo in cui il mio corpo disfatto si lascerà scivolare consenziente, stanco degli istanti ripetuti fino alla noia?

Esiste un luogo dove, subito dopo la morte, l'immagine lacerata di ciò che io fui, aggrappata all'ultima forma dell'essere che era in me, dovrà assistere, come in un incubo spaventoso, al suo ultimo cammino verso l'informe dove, cieca e titubante, essa si dissolverà come attraverso una porta aperta sul nulla al termine del sentiero che noi risaliamo a passi così strascicati?

Ma, in fin dei conti, che importa sapere quale sarà lo sbocco della vita che conosciamo?

Perché immaginare un Dio buono nel suo Paradiso, dal momento che, con ogni probabilità, tutto è completamente diverso da quell'ipotetico « al di là » che il nostro pensiero limitato ricrea più o meno a immagine del mondo cui appartiene? Perché cercar sempre di raggiungere ciò che non è alla portata di una conoscenza reale e vissuta? Perché tutto dev'essere sempre ridotto a una forma già risaputa - o presunta tale - da un pensiero asservito e ozioso? Perché l'uomo di buona volontà che talvolta c'è in me non può, come un artigiano paziente e ostinato, seguire la via dello sforzo in direzione di ciò che lo richiama a qualcosa di diverso dalla vita meccanica, senza dover essere a ogni passo fermato o, nei casi migliori, deviato verso gli aspetti secondari del suo bisogno fondamentale? Qual è dunque l'anatema che mi ha colpito perché tutto sia così terribilmente difficile?

Oggi mi tocca pagare il prezzo di alcuni millenni di vita meccanica, e se non posso facilmente sfuggirvi è anzitutto perché mi rifiuto di farlo. Mi rifiuto con tutta la forza delle mie abitudini, con tutto il peso di ciò che mi lega alla sensazione ordinaria che ho di me stesso. E anche perché, non essendomi interamente sbarazzato di questa sensazione e dimenticando continuamente in che modo gli aspetti secondari della mia vita, verso cui vengo sempre deviato, possano contribuire anch'essi alla mia realizzazione, non sempre comprendo correttamente la finalità suprema verso la quale tendono i miei sforzi.

È vero, devo ammettere che il bisogno di comprendere non è affatto il mio unico bisogno. La vita abita diversi luoghi dentro di me, e ogni parte animata, fisica, mentale o affettiva, si manifesta di volta in volta secondo la propria natura e il proprio livello. Per ora posso soltanto accettarne l'anarchia e servirmene per imparare.

La mia speranza per l'anno nuovo è quella di far coincidere i tempi, in modo che il tempo della marcia a grandi passi e quello della lenta risalita siano una cosa sola, il tempo della mia vita reale. Che importa allora la fine, se ogni istante che me ne separa arreca alla vita l'intera sua carica di luce, di comprensione e di pace?

Non sarebbe anche questo vincere la morte?

Comincia a far capolino una primavera fredda e triste. Dove sono le gioiose esplosioni di fiori, di foglie e d'uccelli, gli slanci ardenti delle mie Pasque passate?

Ogni mattina, il gelo riprende alla vegetazione il dono timido del sole di ieri e in me si ripete l'identico ciclo: i momenti più vivi prodotti dallo sforzo si trasformano in immagini indistinte, e il pensiero caldo, fluido e pieno di certezze diventa una massa pastosa in cui la mente rimane invischiata.

Come posso accettare di essere interamente sottomesso alle condizioni dell'ambiente che mi circonda, come un vegetale? Accettarlo vorrebbe dire rinnegare la mia condizione di uomo. Eppure, quando dentro di me è inverno, anche se tutte le mie forze ordinarie aspirano alla primavera, io credo all'inverno, e mi sento inspiegabilmente costretto al laccio inestricabile cui forze oscure mi hanno legato per impedire l'arrivo di un'autentica primavera.

Vivo così gran parte del tempo in un inverno perpetuo, ammantato di volta in volta coi colori della primavera, dell'estate o dell'autunno, ma senza poter conoscere la bella estate e il vero autunno che spettano alla mia qualità d'uomo. Non essendo in grado di affidarmi a ciò che ignoro, resto impotente di fronte all'« ignoto » che è in me: adesso so che « è », tuttavia non riesco a collegarlo a una forma già vista o a una sensazione già provata. Non posso abbordarlo con nessuno dei mezzi ordinari, e ogni tentativo in tal senso, al contrario, me ne allontana, forse, per evitare che l'« ignoto » appaia solo potenzialmente nel campo della mia coscienza attenta, basterebbe riconoscerne resistenza e far sì che le mie forze più illuminate vi facciano affidamento.

Fare affidamento, due parole cui qui attribuiamo un contenuto che non è facile cogliere. Affidarsi significa credere, credere fino alla resa totale conseguente alla fede, significa essere in potere di un'evidenza che sul momento nulla può far vacillare, significa seguire senza possibilità di ritorno la direzione verso cui la potenza del momento ci trascina irresistibilmente, significa accettare, aderire totalmente, con la parte al momento più forte, all'impressione che s'impone, e riconoscerla come valida. L'adesione incondizionata al livello del momento, e il processo inconscio che consiste nell'andare verso tale livello per identificarsi a esso e che io chiamo « fare affidamento », dimostrano la mia totale mancanza di libertà. Infatti, nei momenti meno svegli il mio attaccamento a questa tendenza si manifesta senza ritegno, mentre mi riesce difficile « affidarmi » nello stesso modo alle forze risultanti da uno sforzo più cosciente.

Come potrebbe il medesimo processo collegarsi all'« ignoto » che è in me e portarlo gradualmente nel campo di una parte della mia coscienza, dove l'intuizione intellettuale e l'immaginazione creativa potrebbero aiutarmi a tentarne l'approccio? Perché ciò avvenga, dovrei conoscere l'essenza profonda di quel movimento: solo adesso mi rendo conto che il problema non si era mai posto prima in questi termini. Fare affidamento: due parole legate a ogni causa generosa che il mio sentimento ordinario innalza come uno stendardo. Devo arrendermi all'evidenza: quest'inclinazione positiva è diventata un movimento automatico presente in tutte le manifestazioni della mia vita, e senza uno sforzo particolare mi è totalmente impossibile sfuggirvi. Il suo opposto, cioè l'atto di mettere in dubbio i valori considerati nel momento dato, sembra derivare da un capriccio del sentimento o da un processo puramente mentale, e anima un ciclo in cui il semplice confronto tra idee e sensazioni opposte consente di rilanciare in un senso o nell'altro la fiducia, facendomi generalmente ricadere nel precedente processo automatico. In realtà, pur esercitandosi in senso inverso, è un processo che si svolge sullo stesso livello.

La verità e profondamente nascosta dentro di me, e per farla apparire ci vuole uno sguardo nuovo, libero dagli ostacoli delle abitudini, uno sguardo che si posi senza pietà su tutte le menzogne che di quella verità hanno finora usurpato il nome.

Mi sorprendo talvolta così come sono, vagante nel non- essere della vita funzionale che mi abita, e separato dal mio essere a causa di un ignoto velario. L'oscura animazione che la vita trasmette alle mie funzioni non si traduce né in sensazione né in forma esplicita, e io divento chiuso, ignorante, incapace di penetrare il mistero del complesso apparecchio formalo dal mio contenente e dal mio contenuto.

Ogni evento che appare nella realtà espressa dalle mie funzioni è incompleto rispetto alla verità percepita a proposito del medesimo evento quando, per un breve istante, sono collegato al mio essere. Manca un gusto che è la cosa essenziale. L'evento, anche quando sembra includere tutti gli elementi che in apparenza lo compongono, esprime solo un aspetto di quella verità che è accessibile unicamente all'essere: una verità in tutte le sue dimensioni, nella quale allora io credo. Questa verità UNICA è la mia fede, la mia certezza, la mia conoscenza; per una frazione di secondo mi sento unito a essa, e la porto come una particella del mondo totale cui appartengo. Tuttavia il velario rimane abbassato: anche nell'attimo più luminoso esso resta invisibile, e sfugge alla punta acuminata dell'attenzione che al suo contatto si smussa, rimbalza e cade.

Non posso far a meno di pensare a quella « curvatura dello spazio », di cui parla René Daumal nel Monte Analogo, che rende invisibile la Montagna cercata. A mia volta, io mi trovo davanti un ostacolo insuperabile coi mezzi ordinari, un ostacolo che non sembra tale e che appare solo in rari momenti, quando già tutto è stato mobilitato per partecipare a un livello in cui gran parte dei fenomeni non sono più limitati alla loro apparenza abituale. Vengo bloccato dalla trasparenza di un ostacolo che sfugge a ogni formulazione del pensiero, e mi accorgo della sua esistenza solo quando mi capita di averlo superato. Volgendomi verso ciò che in me non ha forma, né misura, né peso, e che invece riesce a fermarmi, mi avventuro senza bagagli alla ricerca dell'istante in cui di colpo lo spazio sia riempito dal mio tentativo lasciando da parte ciò che è già risaputo, io ascolto il silenzio, immobile, rifiutando l'aiuto di ciò che cerca, aperto all'inaudito che sento vicino, cosi vicino da esser quasi raggiunto, eccolo, è qui... e invece no, s'allontana, mi sfugge, ahimè, non fa parte del mondo al cui livello mi sono innalzato.

Tuttavia ho la speranza di riuscirci presto. Solo per questo si prepara il domani.

Liberarmi dai ceppi dei pensieri, della cosiddetta volontà, dei desideri, lasciarmi portare verso il vuoto limpido dove affiora la coscienza. Vegliare, aspettare, soffrire, sperare.

Una corrente luminosa circola in me senza ostacoli, cogliendo qua e la alcune idee e scovando rapporti imprevisti. Col corpo leggero e il pensiero liberato, vivo così nel sottile. Mi lascio scivolare dolcemente nel mondo ordinario, dove regnano le costrizioni, per ritornare subito verso un mondo aereo, fatto di sostanze più elevate sia dentro che fuori di me. Tutto è simile ma assai differente: le cose, gettata la maschera imposta dall'immaginazione, hanno un nuovo nome, come immagini calde ancora non percepite, i miei gesti parlano, e io ascolto i loro movimenti esprimere la gioia che mi abita.

Che strada avrò fatto per arrivare in questa anticamera della coscienza, quale porta avrò varcato? Certamente quella che separa inesorabilmente la Persona dall'Essere, dove la « Persona » è presa come l'insieme dei miei processi psichici ordinari, e l'« Essere » non come la qualità momentanea del supporto vivente che sono, qualità che conferisce man mano ai fenomeni colori e aspetti diversi, bensì come la sostanza globale di cui è fatto l'uomo che in me forse comincia a vivere.

L'essere, entità misteriosa e nascosta capace di secernere sulla mia vita un balsamo adatto a curar le ferite. È a lui che devo le mie feste più rare. Pienezza di un istante che il sentimento più giusto sarebbe incapace di produrre da solo. L'Essere, trascendendo il pensiero cui presta una dimensione altrimenti inaccessibile, per il solo fatto di esistere e di manifestarsi attraverso la mia persona, m'insedia sul trono della grandezza.

Io sono. Proiettato col mio assenso in un mondo ripulito, nuovo, esaltante, un mondo che grida la verità, io procedo verso la via che, a quanto si dice, comincia un pochino più in là.

Avrò capito che cosa vuol dire procedere, andare avanti? Comincio a vedere - l'avrei mai visto se non me l'avessero indicato? - che non sono mai cosciente di tutte le possibilità del mio essere. Camminare, lavorare, significa tentare uno sforzo per cogliere sul momento la totalità della conoscenza che l'essere può contenere. Questo modo di prender coscienza aumenta le mie conoscenze, e proprio ciò che apprendo all'istante è un « passo in avanti » sulla via.

Sto camminando verso una via che esige qualcosa di più che non l'intelligenza e la fede, una via in cui l'imitazione, fosse anche del modello più perfetto, non può dare alcun risultato.

L'uomo che sa, che crede o che imita, riceve dai suoi Anziani una forza capace di fargli muovere i primi passi, e in seguito, giorno dopo giorno, egli vi fa continuamente ricorso per ricevere il nutrimento che gli permetterà, mediante la propria sofferenza, di portare un fardello accettato senza riserve. Certo il cammino è duro, ma viene percorso grazie alla potenza dell'idea illuminante, della fede irresistibile o dell'esempio esaltante, verso i quali egli si volge e dai quali riceve, spesso passivamente, l'aiuto indispensabile.

Nella via cui Gurdjieff ci conduce, la comprensione è essenziale. Essa esige lo studio dei rapporti che uniscono i diversi elementi costitutivi dell'uomo, e l'acquisizione di un materiale di conoscenza continuamente arricchito dalla presenza simultanea, ai diversi livelli di coscienza, di una qualità che lo sforzo e in grado di moltiplicare.

È anche la via della solitudine. L'uomo, nonostante l'insegnamento ricevuto, senza cui il suo embrione di essere non potrebbe svilupparsi, se vuole avanzare deve ripetere all'infinito un tentativo che nessuno, certamente nemmeno Dio, può fare al suo posto.

L'UOMO DEVE RICORDARE SE STESSO. Ecco la sua solitudine. Ma l'uomo fugge la solitudine interiore, e per ritrovarla gli occorre un duro sforzo.

La quarta via, la via del ricordo di sé e dello sforzo cosciente, può essere introdotta in ciascuna delle vie che permettono lo sviluppo delle possibilità nascoste dell'uomo, cioè la via della Conoscenza, la via religiosa e la via della padronanza sul corpo. Spetta ai singoli ricercatori, che in qualche modo ne sentono l'assoluta necessità, suscitarla a partire dal cuore stesso di ciò che le altre vie propongono.

Questa via, allora, per lo sforzo particolare che richiede, smette di essere un mezzo e a poco a poco diventa la meta: la via si confonde con l'uomo e l'uomo con la via. Essa è il percorso che unisce il divino all'umano, il passaggio attraverso il quale s'incarni il Principio Supremo di cui l'uomo, nella creazione, è il messaggero.

In misura anche solo infinitesima, sarò un messaggero fedele?

Signore, abbi pietà...

XIII

Immagini, immaginazione

Come evitare di essere trascinato dal « voler-fare »? Da quando annoto regolarmente le mie esperienze di lavoro e le immagini che talvolta le accompagnano, a poco a poco sono tentato di scrivere un « Diario » e, se non faccio attenzione, finirò presto per credere che questa sia la cosa essenziale.

Il piacere di scrivere s'accresce con l'esercizio, contemporaneamente al manifestarsi di una soddisfazione dovuta all'interesse per la cosa scritta.

Ma non bisogna dimenticare la vera finalità, che è quella di pensare e di sentire. Scrivere è solo un mezzo, un sistema per fissare il pensiero in un certo modo, per assestarlo più agevolmente nella matrice intellettuale in cui prende forma, e per registrarne meglio il risultato, se possibile definitivamente, sul nastro della « memoria » in cui sono conservate le impressioni profonde.

Significa anche offrire la possibilità che una parola scritta in un certo contesto mi rievochi a ogni lettura il gusto e la qualità di una conoscenza intensamente vissuta al momento di sviluppare l'idea, e tale da costituire in seguito l'avvio per nuove esperienze. Esiste infine la possibilità che un lettore attento riesca a ritrovare lo stesso gusto e a sua volta lo riutilizzi.

Una possibilità che può avverarsi solo se meritata da entrambe le parti.

Di fronte alle indicazioni di questo Insegnamento, noi siamo come bambini che devono trasportare a distanza l'acqua di un lago senza avere a disposizione nient'altro che le proprie mani.

Il lago è immenso, e a ogni giro i bambini riempiono d'acqua il cavo delle mani, ma già nel sollevarle dal lago ne perdono gran parte. Il resto schizza via per le asperità del sentiero, e solo assai raramente essi riescono a portare a destinazione qualche goccia che, con l'andar del tempo, diventa l'acqua viva della loro conoscenza.

Quanta attenzione ci vuole lungo tutto il percorso per non perdere quest'acqua preziosa e difendersi da coloro che, amici o nemici, si sforzano in ogni modo di sottrarcela...

Queste montagne verde chiaro sotto il sole già caldo della primavera: non riesco proprio a immaginarmi come potranno esistere quando non ci sarò più. La sensazione dell'aria sulla pelle, la sua carezza silenziosa sul petto, chi saprà mai quanto ne ho gioito! Qualcuno si ricorderà il tributo di riconoscenza che il mio corpo, senza parole né intenzione, paga alla natura con l'apprezzamento ininterrotto dei suoi doni?

Ho l'impressione che il mondo s'identifichi con la mia vita come se, al di là del tempo della mia esistenza, il mondo non possa avere alcuna realtà. Tuttavia non sono che un infimo germe pensante che passa, nel tempo di un sospiro, su un pianeta per lui eterno...

Ma la ragione non ha posto quando le forze esterne e interne, superiori e inferiori, si uniscono in me e regnano sui vari supporti dove la mia vita affonda le sue radici.

Talvolta sono come una casa disabitata: una folla distratta passa, la visita ed esce, disponendo in mia assenza di tutte le attrezzature di cui sono dotato. Nel frattempo, io dove sono? Chiuso in una stanza buia, addormentato, assente, o cacciato dalla mia dimora a opera degli intrusi che hanno preso l'abitudine di vivere a casa mia, e ai quali sono incapace di proibire l'entrata?.. Come rispondere a questa domanda? Gli ospiti sono presenti da così tanto tempo, e io stesso vi sono così abituato, che essi ormai fanno parte della casa. Nessuno è più in grado di distinguerli da « me », tutti li chiamano col mio nome e mi riconoscono in un passante qualsiasi.

Poi, d'improvviso, un'impressione bussa a chissà quale porta, la casa si svuota e io solo la riempio. Oppure, stanco del mio sonno, mosso da una claustrofobia sempre più insopportabile, sollecitato dal gusto di un risveglio apparso con maggiore frequenza, io mi levo tra gli occupanti, e tutti allora si mettono in riga, accettando per un momento di essere solo una parte della dimora comune dove poco prima ciascuno pretendeva di far da padrone.

Gioia virile di essere presente, di regnare su una porzione di tempo che a ogni istante offre alla vita uno spazio più grande, uno spazio che può contenere un numero molto maggiore d'impressioni, e assai più incisive per giunta!...

Oh mio regno di quaggiù, che la vegetazione ricopre con un manto da cui tragga il mio nutrimento, dove l'aria, inseparabile dalla vita, purifica la mia anima, dove la luce, come fosse il pensiero della terra, m'innalza verso ciò che mi trascende, o mio regno, quando mai sarò degno di te?

Mi viene annunciata la morte di X., che fu il promotore del gruppo di lavoro formatosi in una nazione vicina, gruppo che continuo a seguire fin dai tempi della sua costituzione.

X. aveva una natura esuberante e appassionata, incline a orientare i suoi interessi in senso psicologico: egli scoprì Frammenti poco dopo la sua pubblicazione in lingua francese, e ne restò letteralmente folgorato. Da quel momento non ebbe altra mira che quella di trovare chi gli potesse trasmettere « l'insegnamento sconosciuto » del libro; e quando finalmente ne ebbe l'occasione, fu indirizzato a noi; egli allora si presentò in compagnia di quattro o cinque amici della stessa nazionalità, e formò col nostro aiuto un primo gruppo di lavoro.

Ma da ormai cinque anni egli se n'era distaccato, roso da un'impazienza d'essere che l'induceva ad attribuirsi poteri ancora inesistenti, e accusava me di non lasciarglieli esercitare. Ad eccezione di alcuni amici personali rimasti al suo fianco, egli aveva continuato a lavorare da solo, Dio sa come, insistendo probabilmente, nonostante i ripetuti avvisi dei suoi anziani nel lavoro, sugli stessi sforzi che gli facevano toccare preziosi stati di coscienza, ma il cui odore di misticismo profano sollevava seri dubbi sulla correttezza della strada seguita per raggiungerli. Il suo orgoglio se ne nutriva sovraccaricandosi della densità così acquisita, e la sua generosità naturale gli forniva il pretesto per spargerne attorno il contenuto talvolta pernicioso.

Chissà quali guai avrà combinato nel suo organismo, forzando alla cieca le funzioni psichiche, deviando le correnti d'energia dai circuiti normali senza averne alcuna nozione, e rompendo, forse definitivamente, il ritmo interiore indispensabile all'equilibrio della vita fisiologica.

La morte è sopraggiunta lentamente, lasciandogli tutto il tempo di avere paura. Dopo oltre quattro anni di completa separazione, l'ho rivisto semiparalizzato in un letto d'ospedale, ansimante e senza speranza. Sapevo di incontrarlo per l'ultima volta, e mentre egli, penosamente, evocava i momenti migliori del nostro lavoro passato, mi sono rivolto con tutte le forze al soffio di vita che gli era rimasto, verso quella vibrazione che si estingueva lentamente e che avrei voluto trattenere perché non si perdesse nel silenzio, cercando di dedicarle la migliore attenzione.

Ci siamo lasciati con un abbraccio fraterno, poi il suo sguardo impaurito mi ha seguito fino alla porta, come per restare un po' più a lungo aggrappato a ciò che egli immaginava fosse rimasto in me delle cose cercate insieme, e un giorno perdute per stupido orgoglio.

Amico, tu che avevi saputo schiudere una porta sulla realtà e avevi provato il gusto di un'altra qualità d'essere poi dimenticata, come hai varcato l'ultima soglia?

Y. è in India e mi manda « dal Cuore stesso dell'irresistibile e accecante luce qui incarnata e totalmente REALIZZATA » alcune « ardenti scintille » della sua « fortunata, profonda e fedele amicizia ».

Sono passati vent'anni da quella sera d'estate in cui per la prima volta sentii parlare da lui dell'Insegnamento di Gurdjieff. Seguimmo poi a lungo lo stesso cammino con uguale interesse e con un'identica serie di vittorie e sconfitte. Tuttavia Y. sembrava non volersi mai liberare da un'ingenua credenza in qualcosa di fantastico, e aspettava sempre che questo qualcosa gli arrivasse a portata di mano. Come molti artisti, egli era afflitto da un'ipertrofia del sentimento, e non riusciva a vincere il suo attaccamento quasi puerile agli orpelli di quell'aspettativa fantasiosa che sembrava tenerlo relativamente a distanza dal contenuto essenziale di un Insegnamento seguito peraltro con fervore.

Incapace d'altronde di superare le barriere che qualcuno, per stupida presunzione, gli aveva eretto davanti, egli finì per lasciare l'Insegnamento, attratto da voci che abilmente lo seducevano in direzione di ciò che egli desiderava e che non aveva trovato con noi.

E ora dall'India, dopo anni di silenzio, egli mi inviava questo messaggio, dove il suo sentimento rigonfio traboccava nel solito modo, tutto pieno di entusiasmo, amore e amicizia portati alle stelle da una luce che, probabilmente senza alcuno sforzo da parte sua, aveva ricevuto da un Maestro capace di procurargliela.

Per chi, dopo anni di sacrificio, ha avuto la fortuna di vivere brevi istanti a contatto col miglior livello di sé, senza però potarvi restare e senza possedere la chiave che a colpo sicuro ne apre la porta, è molto forte la tentazione di rivolgersi a coloro che gli promettono questa chiave - e forse anche gliela procurano - senza richiederne sforzi.

Il tratto finale della via verso la Conoscenza e senz'altro più duro che l'approccio effettuato finora, e ci toccherà arrancare a fatica ancora per molto tempo. Alcuni, sforzandosi disperatamente, riescono a percepire nel profondo di loro stessi un aroma di eternità da cui traggono pazienza e speranza. Altri sfiniti, si lasciano tentare stalla voce delle sirene.

L'uomo, giunto al livello in cui l'invisibile è vicino e spesso avvertito, resta a lungo incapace di realizzare il contatto tra il mondo delle funzioni e le forze di ordine superiore contenute dentro di sé. Perché non immaginare una « magia » che, senza la sua partecipazione, stabilisca direttamente un contatto tra la coscienza e le forze esterne che le corrispondono?

Un uomo che abbia la padronanza delle proprie funzioni psichiche probabilmente dispone di un potere di questo tipo, ed è forse così che in certi « ashram » dell'India gli Europei ricevono un'« illuminazione » che non può essere negata nella sua realtà. Per chi ne conosce il segreto e ne possiede i mezzi, tale « illuminazione » dev'essere tanto più facile da impartire quanto migliore è la preparazione del candidato: ed ecco perché le varie « scuole esoteriche » che attualmente sviluppano le loro attività in Occidente sono cosi accanite nel reclutare i loro adepti fra gli allievi dell'Insegnamento di Gurdjieff.

Se posso credere alla realtà di una Saggezza conquistata giorno per giorno presso certi Maestri dell'Oriente, sollevo invece seri dubbi sulla natura e la qualità di poteri ottenuti con tanta rapidità. Mi chiedo se questi poteri, per durare, non abbiano Insogno di essere nutriti regolarmente dal Maestro, pena il loro progressivo decadimento in una forma simile, ma tale da conservare in chi li possiede soltanto l'apparenza esteriore. Non potrebbero essere soltanto il risultato di un funzionamento automatico di meccanismi psichici addestrati a produrre effetti sempre uguali?

Dopo tanti anni di ricerca, quando guardo ciò che me ne resta in mano, non riesco davvero a credere alla realtà di qualcosa che venga acquisito senza sforzo. Temo che quella luce, per coloro che non se la sono conquistata a prezzo delle loro fatiche, sia l'illusione suprema di un sonno sapientemente organizzato; temo che la fiamma non finisca per estinguersi al più tardi nell'istante preciso in cui si spegnerà l'ultimo soffio di vita, temo che questo fuoco faccia la fine di tutto ciò che la sofferenza non ha unito a formare una sola sostanza col principio stesso dell'essere un po' di fumo, un po' di polvere, e poi più nulla.

Io resto sulla mia strada. Nell'ombra, certo. Ma ogni volta che balena un lampo accecante, un granello di sabbia in me diventa cristallo.

L'uomo vive in un mondo materiale le cui tre dimensioni visibili gli appaiono sotto forma di immagini colorate. Così com'è, questo mondo costituisce l'ambiente naturale in cui l'uomo si muove. Ecco certamente perché ogni impressione ricevuta ha tendenza a essere fissata in immagine tramite lo strumento mentale previsto allo scopo: tale processo, infatti, è per l'uomo l'unico modo di fissare parecchie categorie d'impressioni.

La rappresentazione mentale così ottenuta è in un certo senso la materializzazione dell'impressione secondo una modalità conosciuta, e il confronto dei risultati determina la formazione di ulteriori immagini, la cui qualità dipende sia dal funzionamento più o meno corretto dello strumento, sia dal livello dell'essere al momento dato. Questa è l'immaginazione creativa o, nel caso di un processo specificamente mentale, l'intuizione intellettiva, nelle quali si esprime, attraverso l'individuo, la verità dei mondi superiori di cui l'uomo è impregnato.

Ma nell'uomo che dorme, tutto avviene in modo diverso: la costruzione delle immagini effettuata dall'apparato formatore viene costantemente alterata da certe forze, provenienti dai vari centri, la cui intensità è proporzionale al potere momentaneo che i singoli centri esercitano sull'uomo totale. A seconda che si tratti di un uomo n°1, n°2 o n°3, la formazione delle immagini sarà condizionata dalla forza dominante. Per chi è schiavo di una personalità dotata di potere tirannico su tutte le manifestazioni della vita, il processo di costruzione delle immagini assumerà un carattere totalmente automatico, sostituendo quasi sempre i pensieri, i sentimenti e le sensazioni autentiche. Questa « immaginazione » meccanica, chiamata semplicemente « immaginazione », è il prodotto di una visione incompleta che l'uomo ha di se stesso e del proprio funzionamento, ed è la causa principale del lavoro sbagliato dei centri: cosa che balza evidente a chi si osserva con attenzione.

Ecco il modo in cui l'uomo immagina: egli trasuda una serie d'immagini ormai prive di relazione diretta con l'impressione che le ha sollecitate, immagini che si susseguono l'una dopo l'altra in un ordine quasi costante destinato a provocargli quel tipo particolare di titillazione cui l'uomo e molto affezionato e che si chiama « fantasticare ».

Più procedo, più mi rendo conto che gran parte delle sensazioni che chiamo vivere sono soltanto un sottile strato di realtà avvolta da una nube inconsistente sulla quale si proiettano le immagini formate dalle parti meccaniche delle mie funzioni. La parte che occupa il sogno nella mia vita mi spaventa. Non è possibile credere all'immortalità di una vita vissuta soltanto nel sogno...

L'immagine dell'uomo che lavora su di sé era per me finora piuttosto precisa: era il tentativo di soffermarsi su quanto vi è di più interiore, di raccogliersi al centro di se stessi, tentar di riunire in un solo punto l'attenzione per poi dividerla e tenerla sia su di sé che sull'esterno; il resto del tempo, lasciare che la vita semplicemente ci viva, mantenendo, per quanto è possibile, uno sguardo sul nostro comportamento.

Adesso credo che mi si offra un'altra possibilità: sentire che tutto è presente senza interruzione, ma anche comprendere che i momenti diversi e le diverse parti di noi altro non sono che un intreccio straordinario di tensioni e rilassamenti. Se questo fatto diventa percettibile, tra il lavoro in calma e il lavoro nella vita non esiste più differenza.

In realtà non è cosi semplice: noi interferiamo costantemente, « traffichiamo », il pensiero e il sentimento s'impongono a turno o simultaneamente, volendo « fare » ciascuno di testa sua: in tal caso la sensazione dei due mondi diversi che ci compongono diventa teorica e lo sforzo corretto è perduto.

L'identificazione a ciò che provoca il sonno diventa allora la nostra salvezza, perché concretamente ci mette in contatto col mondo inferiore, la cui esistenza non va mai dimenticata, e ci strappa al magma informe in cui quasi sempre i nostri tentativi ci invischiano.

A immagine della vita, il movimento tensione-distensione può essere sentito come una respirazione.

A lungo ho provato meraviglia per la facilità con cui certe persone snocciolano ghirlande di parole prodotte da un pensiero brillante in piena attività sulle cime dove talora la mente ama soffermarsi. La cosa mi fa sempre pensare all'utensile di metallo arrotato alla mola che sprizza scintille misteriosamente inoffensive persino al contatto con una mano nuda. (Quand'ero piccolo non riuscivo a capire come mai non restasse la minima traccia di quelle stelline meravigliose che mi sarebbe tanto piaciuto raccogliere...)

Che ne rimane spesso di tali parole, che cosa si deposita sull'essere di chi le ascolta? Apparentemente nulla, se non un'effimera traccia nella memoria, poco più dell'impressione luminosa, conservata dalla retina per una frazione di secondo, delle scintille sprizzanti dall'utensile.

Un pensiero autentico, prodotto dai più alti livelli dell'intelletto, non esclude necessariamente un simile sfavillio, ma anche quando non è così, esso anima il discorso con una risonanza ben più convincente nei confronti di chi gli dedica un po' d'attenzione.

Quanti sono in grado di distinguere le due cose? Il virtuosismo può essere tale da venire scambiato per un'intelligenza brillante, mentre spesso si tratta soltanto del funzionamento armonioso di un apparato associativo ricco di contatti e di connessioni abilmente intrecciate Il pensiero, portato a questi estremi, è una gabbia assoluta che può imprigionare l'uomo per sempre: infatti una prestazione del genere, per sottile e brillante che sia, non può che approdare a un mondo ideale dove l'uomo resta prigioniero della propria illusione di essere. E anche se, grazie a un istante di paura intensa o di autentica sofferenza, a causa di un'emozione religiosa o a seguito di un dono improvviso, l'uomo entra casualmente in contatto con una realtà diversa che non può far a meno di ammettere, l'impressione viva così percepita si aggiungerà alle immagini registrate in precedenza, fornendo al prezioso strumento che in lui pensa e percepisce il pretesto per un'altra smagliante esibizione.

Questa osservazione ci aiuta a comprendere come, istante per istante, il materiale intellettivo a disposizione dell'uomo si accresca per una sorta di « montaggio » operato da un organismo efficiente che classifica e registra tutti gli elementi ricevuti secondo un criterio di affinità. Le idee, così « associate » tra loro, sono a disposizione del meccanismo apposito che, come un perfetto ordinatore, abbina immediatamente a ogni domanda la risposta corretta. Il pensiero « associativo », per quanto limitato e asservito, è più che sufficiente per l'uso ordinario della vita meccanica vissuta dalla maggioranza degli uomini.

Io però non ne sono più interamente succube: molto spesso sono ancora preso da questo diabolico ingranaggio, tuttavia so riconoscere e sistemare in un posto diverso dentro di me le impressioni legate agli istanti vissuti in un altro modo. Ciò non toglie che la « qualità » introdotta dal mio essere in tutte le cose provate sia costantemente inghiottita dalla massa indistinta che identifico come « io », sparendovi lentamente. Questo magma, includendo l'intero mondo delle mie sensazioni, resta invisibile persino al diverso livello suscitato dalla partecipazione dell'essere, e tutti gli sforzi per conoscerlo sono votati all'insuccesso finche restano quelli di oggi.

Si pone allora il problema di un nuovo tipo di sforzo che introduca in uno spazio noto e in un tempo accessibile il supporto delle forze saldate all'immagine che ho di me, proprio mentre tale supporto resta in contatto con le forze più elevate, sottratte per un attimo all'attrazione della massa che tiene prigioniera la mia vita cosciente.

Può darsi, invece, che si tratti di acquisire sul livello raggiunto uno strumento percettivo indipendente da quello usato finora, la cui azione si eserciti fuori dallo spazio euclideo, col risultato di lasciar percepire, grazie alla distanza così creata, l'edificio che mi tiene rinchiuso.

Ma perché anticipare o immaginare ipotetiche forme a partire da cose già note? Non finirò dunque mai di cadere in questo Vizio?... Non devo più scrivere nulla senza essere collegato al presente che è in me, come se il presente fosse un'acqua in movimento sotto la cui pressione le parole vengono spinte in superficie, cariche di un messaggio che il senso ordinario esprime in modo solo parziale.

Umilmente mi rimetto al servizio del bisogno che mi spinge e m' illumina:

Anzitutto preparare l'ambiente fisico, ossia liberare il mio corpo, e tutto ciò che gli gravita attorno, dai lacci che lo avvincono al mondo delle influenze in cui esso vive ordinariamente.

Sottrarre le correnti intellettuale ed emozionale che abitano il mio essere all'attrazione imperiosa esercitata su di loro dalla massa autonominatasi « io ».

Sperimentare fino allo stordimento l'impressione che ho del mio essere nell'istante vissuto in tal modo.

Poi, a partire dalla zona illuminata dove nasce una nuova attenzione, lasciar esplodere in tutte le direzioni una domanda intensa, come una deflagrazione che squassi la massa pastosa che invischia ciò che potrebbe esserne separato.

Rimanere così, davanti al mistero, senz'altra risorsa che il risveglio mantenuto su ogni fattore in gioco, attento all'invisibile, io stesso trasformato in una domanda vivente.

Tutto ciò perché anch'io un giorno, forse, possa smettere di partorir chimere.

XIV

L'uomo, quest'oblio del mondo d'oggi

Il pensiero associativo che l'uomo utilizza in quasi tutte le circostanze si limita a sfiorare l'insieme di relazioni che dovrebbero instaurarsi tra tutto ciò che si offre alla sua facoltà di pensare. L'uomo utilizza un pensiero limitato all'aspetto contingente delle cose, e anche quando crede di esercitare un pensiero di qualità molto elevata, generalmente non fa altro che instaurare nuovi contatti tra i diversi livelli di un sapere più o meno animato dal sentimento. Il pensiero ordinario è incapace non solo di comprendere tutti gli aspetti della cosa esaminata, ma anche di collegarli all'uomo reale, cosmico, che ogni individuo fondamentalmente è.

Poiché nel mondo contemporaneo l'uomo deve vivere tra le macchine, la sua vita è diventata meccanica. Accanto alle macchine che utilizzano soltanto la forza dell'uomo, la bicicletta ad esempio, sono state evocate altre forze - vapore, petrolio, elettricità, energia nucleare - che hanno permesso lo sviluppo di molti altri tipi di macchine. L'uso di queste nuove forze avrebbe dovuto accompagnarsi a un altro livello di pensiero che permettesse all'uomo di « pensarsi » in relazione al mondo in cui era ormai destinato a vivere.

Qualsiasi conoscenza può venire soltanto da un'esperienza concreta dell'uomo sull'uomo, la qual cosa significa che ogni pensiero degno di questo nome - il pensiero corretto - dev'essere collegato all'essere interiore che esprime giustamente e totalmente la relazione dell'uomo con le cose che lo circondano. Infatti è ovvio che l'unico punto di vista reale per l'uomo è quello che passa attraverso di lui, che lo concerne e l'include, perché senza di lui non c'è pensiero, né mondo, né tempo, né realtà, quanto meno sul piano in cui egli vive quaggiù.

Ma generalmente l'uomo pensa in modo estraniato da se stesso, condannandosi così a una visione frammentaria delle cose, concepite ed espresse da un pensiero infermo e mutilato. Per l'uomo, al livello in cui si trova, il « pensiero corretto » è proprio quella « ragione oggettiva » cui Gurdjieff dà tanta importanza nei Racconti di Belzebù al suo nipotino.

L'assenza di « pensiero corretto » è all'origine di un gran numero di malintesi che affliggono la nostra infelice civiltà contemporanea. Balza evidente che se, per qualche strano miracolo, questo modo di pensare venisse introdotto in « politica » o in « economia », si potrebbero trovare soluzioni molto più rispondenti agli attuali bisogni. O meglio, questa civiltà distruttiva per l'uomo - intendo l'uomo « totale » - potrebbe non essere più quello che è: pur conservando la sua forma, essa lascerebbe all'uomo il suo giusto posto, il che corrisponde all'essenza stessa di ogni civiltà.

Il sistema liberale e democratico dell'Europa occidentale o degli Stati Uniti avrebbe permesso, meglio di ogni altro, quella libertà di pensiero e di espressione senza la quale ogni ricerca in nuove direzioni è osteggiata, se non brutalmente soppressa. Ma, in mancanza di un pensiero corretto, questa forma d'esistenza si è trovata connessa al « capitale », al danaro, suscitando immediatamente un movimento contrario, il marxismo, nel quale il pensiero corretto si è dimostrato altrettanto carente.

L'impotenza di tutti i sistemi sta nell'assenza di relazione tra i problemi che sorgono al loro interno e l'uomo; infatti ogni sistema si ritiene al servizio dell'uomo, ma tutti ne ignorano la natura essenziale.

Tutto ha inizio dalla conoscenza dell'uomo, quindi dalla conoscenza di sé. Un principio forse mai tanto dimenticato, e soprattutto così mal compreso, come ai nostri tempi.

La parola è un guscio vuoto che può contenere le molteplici sfumature del pensiero; è il supporto necessario al passaggio dell'energia contenuta nell'idea ma, nel venir pronunciata, è anche l'espressione della « qualità d'essere » riferita allo specifico momento di vita di colui che la pronuncia. Una stessa parola può esprimere intensità diverse secondo le circostanze: può essere tanto il veicolo traballante di un pensiero fiacco, quanto il proiettile lacerante emesso dall'esplosione di un sentimento assai negativo, oppure l'alimento prezioso che illumina e nutre un bisogno profondo.

Solo la parola emessa può trasmettere allo stesso tempo il contenuto generale di un'idea, la forma particolare assunta da quell'idea nel pensiero di chi l'ha formulata, e la vibrazione specifica del « grado d'essere » di chi sta parlando. Da quest'ultimo punto di vista la parola scritta è una parola morta, e a ogni lettura noi dobbiamo risuscitarla attraverso la vibrazione depistante di vita che stiamo vivendo di persona, generalmente così diversa da quella contenuta nella parola pronunciata o scritta da altri, che l'essenziale del messaggio va perduto.

Ecco perché, volendoci limitare al piano cosiddetto « spirituale », i testi più autentici, quelli che all'origine riflettevano il più esattamente possibile la forma e il contenuto del pensiero espresso da esseri giunti ai più alto grado di conoscenza, con l'andar del tempo, e senza contare gli oltraggi dei traduttori, hanno potuto essere spogliati del loro significato essenziale, diventando così suscettibili di interpretazioni divergenti da parte di chi, con altrettanta buona fede, li « risuscita » in base al proprio grado di comprensione.

Solo la trasmissione orale può conservare alla parola la pienezza di ciò che le è possibile esprimere. Il verbo attivo e trascendente contiene e irradia lo spirito, e per suo tramite noi possiamo risalire alla fonte.

Ma giù, nella cloaca, ci scontriamo nei movimenti browniani delle parole emesse « senza motivo », e delle ciance spossanti e sterili, già morte tra i morti...

La natura è forse l'unica verità a noi immediatamente accessibile di un mondo in cui, peraltro, passiamo la totalità della nostra vita.

L'umanità occidentale moderna ha creato un universo artificiale che ricopre interamente il mondo reale, ed è soprattutto al primo che s'interessa. Solo la realtà biologica, e una vaga attrazione proveniente da ciò che e chiamato « subconscio », collegano l'uomo al mondo nascosto di cui egli a malapena sospetta l'esistenza. Questa confusione perdura a causa dell'abitudine acquisita nel muoversi al suo interno. L'uomo, anche quando incontra gli elementi del mondo reale, li distingue appena da quelli che il suo psichismo allertante vi ha costruito sopra. Egli si agita in tutti i sensi, e cerca attorno a sé con ogni mezzo lo stimolo per mettere in funzione i vari strumenti di cui è dotato perché il loro funzionamento costituisce la sua unica ragione di vita: emozioni, idee e sensazioni devono continuamente riempire i successivi istanti della sua cosiddetta « vita ». L'obiettivo è quello di accumularne il maggior numero possibile, e della migliore qualità.

Forse per questo motivo l'umanità, soccombendo di generazione in generazione sotto il peso di miliardi d'uomini addormentati, è caduta a poco a poco sotto l'influenza di forze meccaniche capaci di sfruttate più a fondo quegli strumenti le cui manifestazioni l'uomo ha identificato alla propria esistenza. Si é cosi formato un « mondo parallelo » fatto di relazioni umane automatiche, un mondo in cui tutto è ormai stato previsto per la soddisfazione sempre più completa d'ogni sorta di falsi bisogni. Il mondo reale che l'uomo avrebbe dovuto animare partendo dai supporti naturali che l'hanno generato e con l'aiuto di leggi cosmiche cui egli, per quanto faccia, resta perentoriamente soggetto, si è man mano coperto di un velo d'illusioni.

È questo il mondo irreale cui quasi sempre sono immedesimato, e sento con forza il richiamo incessante di ciò che in me gli appartiene: l'eterno bisogno dei miei falsi appetiti, l'interminabile lista d'immagini lusinghiere di me stesso, le fiamme accese nel cuore del mio sentimento dai giudizi degli altri, gli impulsi che giustificano i vari personaggi che recito nelle diverse circostanze, e l'oblio che tutto ciò, salvo qualche istante, rappresenta per me come per la maggioranza degli uomini.

Comincio a sentire dolorosamente la menzogna che impregna la mia vita senza peraltro poter evitare di ricaderci immediatamente. Per tirarmene fuori, forse basterebbe capirne il meccanismo, ma una forza che non riesco a individuare, e che un giorno o l'altro dovrò pur vincere, mi costringe a percepirla nel solito modo.

Nella calma di questi giorni, il contatto con la natura mi permette ogni tanto di liberarmi dall'incantesimo e di collegarmi alla realtà in modo un po' più stabile e sostanziale. A tal fine produco uno sforzo particolare che, per quanto ormai tecnicamente noto, non mi dà molti lumi sulla natura dell'ostacolo superato per qualche momento. Tuttavia, l'essenziale è rompere il diabolico ciclo ripetitivo cui quasi sempre il mio pensiero e la mia sensazione, in combutta tra loro, riconducono ogni tipo d impressioni - ivi comprese quelle d'ordine superiore - provenienti dall'interno e dall'esterno, consegnandomi inerme a un mondo illusorio privo di speranza.

Come uscire da questa prigione che chiamo libertà? Come staccarmi dalle menzogne che chiamo verità? Debbo riconoscere che i mezzi utilizzati allo scopo non sono all'altezza delle mie ambizioni, e che dovrò impegnare tempo, sforzi e patimenti ulteriori per raggiungere l'obiettivo ormai intravisto.

Eliminare la speranza fallace di un domani improvvisamente trionfale, sacrificare l'illusione di un nuovo anno foriero di facili e fruttuose vittorie - auspici puerili ripetuti da secoli senza che la loro ingenuità sia rimasta minimamente scalfita -, accettare la dura legge dello scambio universale che, senza clemenza ma senza crudeltà, consente di ricevere soltanto l'esatto equivalente di ciò che è stato dato, rigorosamente conforme in qualità.

Ne sarò in grado? Sento presenti in me sia la forza che la debolezza, e anche la calda certezza che mi occupa interamente.

Appoggiandomi a essa, non mi resta che cercare di buttarmi coraggiosamente alla conquista del tempo che mi sta venendo incontro.

Mi sono seduto per scrivere, cioè per trovarmi di fronte a me stesso e cercarmi.

Mentre di solito uno scrittore s'interroga richiamando le immagini alla memoria, io faccio esattamente l'opposto: caccio via il prodotto dell'immaginazione e del pensiero e creo il vuoto propizio all'emergere della coscienza. Come le Antimemorie di Malraux, queste note bisognerebbe chiamarle Antidiario.

Ed è infatti un antidiario quello che mi nasce sotto la penna ogni volta che cercano di esprimersi le sensazioni percepite al di là del mondo sensibile in cui vivo gran parte del tempo. La loro espressione ultima dovrebbe essere il silenzio. Tacere sarebbe il segno di un punto d'arrivo.

Quando vi riuscirò? Forse mai. Avrò dunque mancato il mio scopo? No, ciò che conta è marciare. La cima non esiste senza il sentiero che vi conduce, non c'è l'uno senza l'altro, e camminare sul sentiero significa conquistare a ogni passo un po' della cima.

Essere tutto questo insieme; ciò che sono e ciò che in me è. È un evento di cui non so nulla, eppure, ogni volta che succede, me ne resta qualcosa. Ripetere tali istanti fino a formare una linea continua lungo tutta la vita; e allora, forse, avrò meritato il nome di uomo. Ma io cerco, voglio sapere, sollevo problemi, e già ho smesso di riempire la totalità del posto che mi spetta, pur restando nel mondo sottile dello sforzo intelligente che me ne dà l'illusione. Un cambiamento di cui ho appena un rimpianto, ma non l'autentica sofferenza di non essere, l'unica che potrebbe testimoniare la presenza di un livello cui le due nature che sono in me avrebbero ugualmente accesso.

Lavorare instancabilmente per conquistarmi il diritto a quella sofferenza.

Si avvicina un Natale infelice. Stretto nella morsa di una situazione economica che s'aggrava, devo restare qui, al posto di comando, invece di scappare una settimana in montagna, dove si trovano i miei familiari. Ogni giorno arriva un'altra onda che distrugge un pezzo del bastione costruito il giorno prima. Tener duro, tenere sino alla fine della tempesta, cercando di capire.

Gli eventi obbediscono ciecamente alle cause spesso involontarie che li provocano, e le cause a loro volta sono conseguenza di decisioni prese a scopi talvolta completamente opposti agli effetti sortiti. A partire dal punto più alto della scala sociale, vengono continuamente dettate regole costruite su un sistema subito sostituito da un altro: ed è ovvio, dato che ciascun sistema è destinato a risolvere un diverso aspetto del problema. Tutto ciò avviene naturalmente in base alla più che legittima preoccupazione di migliorare le cose.

Ma la situazione oggi è cosi ingarbugliata che nessuno e più in grado di averne una visione d'insieme: e come risultato inevitabile di cause dimenticate o perse di vista, si susseguono in continuazione eventi imprevisti, generalmente spiacevoli. Bisogna sapersi prudentemente defilare o se, nonostante tutto, ci si trova coinvolti, com'è il mio caso, bisogna evitare di restarne stritolati.

La traiettoria della civiltà contemporanea ha perso da tempo la sua nitidezza, e non è più che una traccia indistinta fatta di punti variamente accentuati: l'uomo che vi si affida, per non perdere terreno è costretto a moltiplicare i voltafaccia di fronte a se stesso, rinnegando ciò che aveva ammesso in precedenza.

E tanto meno può sfuggire al gioco quanto più lo spazio in cui si muove non è che un lungo budello angusto e privo d'aria pura. Quale edificio vi si potrebbe costruire? Il pensiero, diventato nastro o banda magnetica, non può più muoversi a suo agio e nemmeno estendersi in larghezza, ed è perciò condannato a procedere in maniera unidimensionale, lasciando inutilizzata la propria capacità di includere simultaneamente i molteplici aspetti delle cose.

L'uomo, identificandosi coi fatti che avvengono a prescindere dalla sua volontà cosciente, scrive una storia di cui crede di essere l'autore, sicché ciascuno è convinto di leggere nel proprio comportamento la storia della civiltà. In realtà, l'uomo partecipa suo malgrado a « ciò che non può non succedere » per effetto di lontane relazioni che sfuggono al campo della sua percezione, e il vero senso della vita va totalmente perduto.

Succede però che l'uomo s'interroghi sul posto che occupa e sul significato della sua presenza in un mondo dove non sta interamente a suo agio. Purtroppo la domanda resta in superficie, e solo per attimi può influire su un comportamento complice di una civiltà fondata sull'azione immediatamente efficace, caratteristica propria dell'ambiente in cui siamo costretti a vivere.

Ne consegue che le condizioni di vita della nostra epoca non sono mai state così lontane dal rispondere alla definizione più corretta della civiltà: un ambiente umano in cui l'uomo possa svilupparsi appieno sotto tutti gli aspetti.

Che cosa significa lavorare? Significa soltanto applicare uno sforzo a una materia o a una conoscenza per soddisfare un bisogno o ottenere un risultato, oppure e una condanna dell'uomo? L'uomo ha sempre dovuto strappare all'ambiente il proprio nutrimento, o è ipotizzabile che in altri tempi il movimento, l'attività delle funzioni non avesse altro scopo che l'esercizio stesso delle funzioni, dal momento che l'uomo ne ricavava impressioni a suo uso e consumo, invece dell'apporto energetico esterno che ne ricava oggi?

« Guadagnerai il pane col sudore della fronte ». Dietro questa chiara immagine c'è qualcos'altro che una maledizione di Jehovah sugli uomini? Forse che la legge di scambio, secondo cui nulla può essere ottenuto senza un'esatta contropartita, non trova in questo comando la sua espressione più universale?

Eppure nella nostra epoca tutto viene falsato, perché l'uomo moderno ha invertito le cose: parallelamente al lavoro compiuto per soddisfare un bisogno reale - cibo, cose indispensabili -, un voro oggi talmente semplificato da sembrare privo d'importanza, l'uomo si è messo a produrre dei beni. A seguito del graduale impoverimento del suo livello di coscienza, egli è arrivato al punto di considerare essenziale quest'ultimo fine, facendo passare in secondo piano lo sforzo necessario a soddisfare i bisogni reali e interessandosi solo al prodotto, che è all'origine di bisogni tanto imperiosi quanto immaginari.

Val la pena osservare che certi uomini del passato hanno saputo temporaneamente modificare questa tendenza, restituendo al lavoro dell'uomo il senso originario: si pensi alle favolose ricchezze create e seppellite nelle tombe dei Faraoni, o alla produzione smisurata, nel Medio Evo, di opere d'arte, di cattedrali e di tesori attribuiti al fervore di una fede intensa, ma la cui abbondanza e qualità lasciano intuire motivi ben più profondi.

A quell'epoca, le condizioni in cui lavoravano gli « artisti », l'influenza diretta che essi ricevevano dagli uomini coscienti - o comunque meno incoscienti - preposti alla guida del loro lavoro, consentivano la libera espressione, sulla base di un tema proposto, dell'immagine che gli artisti, pur senza realmente conoscerla, portavano al loro interno. L'arte, nel significato attuale del termine, non contava affatto, e il mestiere era al servizio esclusivo della forma pensata e sentita interiormente a un livello diverso rispetto alla coscienza ordinaria. Il mestiere, imparato in maniera lenta e meticolosa, non doveva mai pesare sull'opera realizzata, perché virtuosismo ed effetto erano strettamente banditi.

Scomparsa a poco a poco l'influenza cosciente, l'immagine prodotta dalle tendenze naturali dell'artista si è trovata esposta alle influenze meccaniche esterne, aggravate dal « voler-pensare » e « voler-sentire » apportati dalla cultura. Il « sentimento », o emozione, che infiamma le ultime cattedrali gotiche già sostituisce la purezza del precedente stile romanico.

Come ritrovare oggi, al di là degli influssi subiti da ogni parte, la « forma » autentica e personale delle idee e delle cose che all'interno di noi corrisponde a ciascuna di esse, e che la natura ha amorosamente foggiato?

Nel mondo d'oggi, solo l'artista sincero e disinteressato può forse ritrovare in parte le condizioni di un tempo. Per un artista di questo tipo, lavorare non significa produrre, ma cercar di immettere nell'esecuzione dell'opera certi rapporti non conosciuti che suscitano, in lui e in quelli preparati a recepirli, un'impressione di verità e d'armonia. Egli non mira al risultato. Il lavoro per lui è un'esperienza in cui l'artista cerca se stesso, e ogni tentativo lo mette in contatto coi rapporti, con l'armonia, coi « numeri » che l'opera potrà contenere se, durante la lavorazione, l'artista è stato in contatto con l'analogo « numero » esistente al suo interno.

Perciò il lavoro per la Conoscenza, ai nostri giorni, può rispondere pienamente alle condizioni dettate dal comandamento divino, e diventare così un bisogno reale che, se provato in tutta verità, consente all'uomo di sfuggire ai falsi bisogni che riempiono la sua esistenza e l'opprimono.

Ma l'uomo moderno si allontana sempre più dallo sforzo per lo sforzo, generatore d'energia e di una vera fame di conoscenza, e scivola invece verso una cieca sottomissione ai fini utilitari elaborati da una collettività cui egli si affida senza il minimo ritegno. Così facendo, l'uomo dimentica che applicare una forza alla materia, sotto il controllo della propria attenzione, provoca fenomeni inconsueti, imprevisti, suscettibili a loro volta di diventare oggetto di ulteriori osservazioni capaci di risvegliare il suo interesse: in tal caso, non conta tanto il risultato quanto ciò che incita l'uomo a proseguire lo sforzo. Invece, quando la forza non è più sua, ma è quella della macchina, egli resta privato di qualcosa. Se per giunta la materia gli sfugge, allora tutto diventa meccanico, l'interesse svanisce, il lavoro, essendo ridotto a un'azione in vista di un risultato, non ha più senso, e lo scambio di energia, che a sua insaputa è la cosa essenziale, si arresta del tutto.

Da almeno un secolo, l'uomo si è lasciato prendere nella trappola che consiste nell'alleggerire lo sforzo senza sostituirvi nulla se non l'organizzazione del tempo libero e dei piaceri, fonte di sogni ben più che di riposo o di salutari impressioni. Essere alla mercé di un ambiente condizionato in questo senso si traduce in una terribile progressione di falsi bisogni sempre più esigenti. Perché stupirsi se in quest'epoca fioriscono beatniks, hippies o altri capelluti, forme risibili dell'indispensabile valvola di sfogo in cui la gioventù, sentendo confusamente la mancanza di una vera ragione di vivere, cerca vanamente un interesse capace di animarla?

Si è perso qualcosa d'essenziale che va ritrovato. L'uomo, cammin facendo, ha dimenticato se stesso, e non sa più che l'uomo è appunto la ragion d'essere e la finalità di tutto ciò ch'egli stesso produce.

Ecco inquadrato il problema che riguarda la sopravvivenza della civiltà contemporanea. Per risolverlo, l'uomo deve certamente ritrovare il senso della propria esistenza e il sentiero della coscienza.

Non sembra che sia per domani.

Mi piego sotto il peso che la massa dell'umanità esercita su di me. A tratti mi accorgo di condividere ciecamente i moventi che trascinano gli uomini della nostra civiltà, il loro bisogno di divertirsi o azzuffarsi, il loro parteggiare a forme politiche avverse, il rifiuto dei valori essenziali come la giustizia o la libertà proprio a causa di ciò che, ognuno a modo suo, chiama « giustizia » e « libertà ».

Questa corrente d'influenze, nonostante i movimenti con cui si alternano continuamente le tendenze opposte, pesa sull'intera umanità e si stende come una nuvola nera sulla vita organica, alterandone l'esistenza: inquinamento, estinzione di specie animali, eccesso delirante della natalità. Una nube che pesa forse ancora di più sulle grandi correnti di pensiero cui l'uomo si è finora appoggiato: affievolimento del senso del sacro nelle grandi religioni. « democratizzazione » dei riti e della liturgia, rifiuto dell'autorità e del rispetto, ecc.... La scomparsa della nobiltà d'animo in nome di un egualitarismo livellato al grado più basso, e l'inversione dei valori fondamentali come l'amore del prossimo e il rispetto per la vita, sostituiti da un umanitarismo da battaglia diviso in forme antagoniste pronte a dilaniarsi a vicenda, illustrano in maniera eloquente l'oblio dei valori essenziali che avevano arricchito il patrimonio umano.

Talvolta, mentre con un occhio continuo ad avere la solita visione del mondo, con l'altro cesso di mettere a fuoco e vedo l'umanità improvvisamente spogliata del potere ipnotico che le influenze meccaniche esercitano ordinariamente su di esso, e, accanto alla via facile del progresso e del meglio-essere su cui sembra avviata, vedo una via parallela che conduce verso l'ignoto, verso l'angoscia dello smarrimento e delle strade perdute.

Povera umanità, di cui sono anch'io un'infima particella, spesso altrettanto cieca e smarrita di quasi tutte quelle che la compongono... Come invertire la corrente delle influenze che ci hanno condotto al punto in cui siamo in modo da prosciugarne la fonte? Missione praticamente inconcepibile, nemmeno sfiorata da quegli uomini generosi che lottano contro la fame, la miseria e l'analfabetismo. E noi andiamo come una processione di ceri spenti verso un futuro ignoto più minaccioso della morte. E quanto più colpevoli siamo noi, noi che cerchiamo di « essere », noi che, pur riuscendoci un poco ogni tanto, troppo spesso ne evitiamo lo sforzo, allo scopo di dormire meglio con gli altri uomini nostri fratelli.

XV
Battaglie perdute

Sento pesare su di me la tristezza dei giorni in cui tutto è difficile. È sceso un velo sulla gioia della mia vita interiore, io mi cerco ugualmente, ma benché l'essenziale stia sempre al suo posto, l'impressione è smorta e lo sforzo si rivela inutile, diluito nel grigiore delle resistenze che spuntano da tutte le parti.

La direzione in cui marciamo non è più tanto chiara: qualche luce si è spenta, e pur restando valido il senso generale, quello particolare ha perso ogni forza. Da due settimane faccio fatica a tenere un giusto atteggiamento sia nelle « attività » che alle riunioni di lettura e alle discussioni che proponiamo, in particolare quelle con i nostri medici. Solo il lavoro all'interno dei gruppi, dove lo sforzo richiesto, mio malgrado, mi porta a ciò che ho di meglio, resta vivo, attivo e fortificante.

Come mantenere senza cedimenti una qualità capace di sostenere la vita necessaria a questi momenti di lavoro, e ritrovare a volontà ciò che bisogna mettere nelle parole perché, una volta pronunciate, non esprimano solo l'idea? Perché mai non ci riesco, e che cosa mi separa dal luogo in cui c'è l'energia che me ne renderebbe capace?

Queste debolezze indicano i miei limiti, e dimostrano quanto io sia ancora dipendente dall'aiuto esterno, senza il quale non c'è che finzione.

Sarò un giorno capace di vincere l'inerzia del corpo e del sogno in combutta tra loro, affinché il fuoco della coscienza, rinato continuamente dalle sue stesse sostanze e radioso della verità interiore delle cose, arda dentro di me senza che sia necessario ravvivarlo a una fiamma più alta?

La paura è sorella dell'ignoranza. La conoscenza rassicura, e annulla il contenuto di terrore delle domande che ancora non hanno risposta. Siccome la finalità suprema dell'uomo non può essere che la beatitudine, o perlomeno un'assenza di lotta e perciò di dolore altrimenti Dio non potrebbe essere come l'immaginiamo - le paure ricorrenti devono cedere di fronte a una comprensione sempre maggiore della propria meta; se qualche paura rimane, vuol dire che l'uomo è bloccato di fronte a un ostacolo eretto sulla sua strada.

Esiste tuttavia una paura giusta e legittima per quegli specifici aspetti di sé che, pur appartenendo alla natura essenziale dell'uomo, non interessano invece i piani superiori della sua possibile evoluzione. Per esempio, il corpo fisico e tutti i processi psichici connessi al suo livello, sentendo certa la loro distruzione, possono suscitare, nelle sensazioni con cui percepiscono se stessi, una paura reale, autentica, totalmente giustificata, alleviabile soltanto attraverso l'oblio e una totale passività oppure, in certi casi, con la speranza di una compensazione d'altro livello.

Tuttavia se l'uomo, al di fuori di ogni immaginazione, si ricorda che la meta cui può aspirare si trova ben al di là di questa vita, la paura oggettiva provocata immancabilmente di fronte all'incapacità di arrivarci può costringerlo, quale unico mezzo per attenuare la sofferenza causata da tale incapacità, allo sforzo che lo spinge nella giusta direzione. In tal caso la paura si rivela estremamente utile: essa infatti è uno degli elementi fondamentali del sistema eterno che, riunendo due forze opposte dove ne appare una terza, costituisce il motore unico dell'Universo.

Andando ancora più in là, la sensazione provocata dalla paura e il ricordo incessante dei motivi che la scatenano sono, secondo Gurdjieff, gli unici mezzi per sfuggire alla miserabile condizione cui l'uomo si trova ridotto a causa del suo perenne stato di sonno.

Gurdjieff non ha perso occasione per ricordarcelo in forma esplicita o allegorica, e alla fine dei Racconti di Belzebù al suo nipotino, egli, per bocca di Belzebù, afferma che « l'unico mezzo per Salvare gli esseri del pianeta Terra sarebbe ormai quello d'impiantare nella loro presenza un nuovo organo dotato di proprietà tali per cui ognuno di quegli infelici, durante il processo della sua esistenza, possa sentire e prendere continuamente coscienza che la propria morte, e quella di chiunque gli capiti sott'occhio o colpisca la sua attenzione, è assolutamente inevitabile ».

Le difficoltà professionali, che in questi ultimi tempi incombono minacciose su di me, per un giorno hanno avuto ragione della mia calma e del mio equilibrio.

Da settimane sto lottando contro forze oscure, generate da un intreccio di leggi economiche contraddittorie che hanno logorato la mia perseveranza. Tutt'a un tratto, qualcosa in me ha ceduto, e mi sono sentito andare alla deriva, come un corpo stanco, rassegnato, senza speranza e senza reazioni. In me brillava soltanto una fiamma chiara, priva di qualunque legame apparente con la realtà visibile, nella quale si era rifugiata, col suo gusto di primavera, l'intensità della vita; una fiamma che, pur nella disperazione, riuscivo talvolta a lambire, perdendola subito dopo.

Tuttavia, per fugare le brume che mi tenevano avvolto, mi è bastato ritrovare il calore del focolare domestico, trasferito da una settimana nel nostro cantuccio di montagna. Le bianche solitudini che ci assediano da ogni parte, lasciando in alto soltanto una striscia di stelle, hanno riversato il loro silenzio sul mio riposo, e a poco a poco io sono risorto, raccogliendo in un solido fascio mille forze disperse.

Dov'è il Maestro che è dentro di me, il padrone capace di mettere ciascuno al suo posto di fronte ai molteplici eventi di ogni attimo della mia vita?

In questo momento, il mio tempo e la mia libertà sono inghiottiti dai problemi connessi alle difficoltà materiali, ritornate più forti che mai.

Io le attraverso come in preda a un'ebbrezza leggera, col pensiero ordinario e il sentimento piegati sotto il peso schiacciante delle preoccupazioni. Le risultanti contrarietà m'impediscono il sonno, però io cerco di scioglierle, sovente non senza successo.

Il mondo delle funzioni e il suo contenuto psichico s'impongono alla mia totalità con tutta l'insistenza possibile, e risaltano marcati di nero come le figure di Rouault; ma non appena do inizio a uno sforzo di separazione, appare uno sfondo di cielo chiaro: la mia vita di colpo accede a un angolo di mondo reale, e vi prende la porzione di verità che sa per esperienza di potervi trovare.

Così adesso una parte di me può vivere in maniera indipendente accanto al complesso apparato in cui si manifestano i fenomeni d'ordine psicologico o materiale finora identificati come « io », e può restare in contatto con una frazione della mia coscienza lucida.

Perché questa parte possa funzionare in maniera diversa e partecipare alla coscienza universale - uno stato che inizio a intuire come il bene supremo promesso all'uomo che sappia meritarselo con ripetuti sforzi - occorrerebbe una nuova « qualità », un'attenzione di tipo diverso che le permetta di conoscere a fondo il suddetto apparato.

La partecipazione di questa mia parte a uno stato di coscienza considerato come un livello del mondo cosmico cui l'insieme di ciò che costituisce l'uomo ordinario non e in grado di accedere, le darebbe un potere d'osservazione, e una comprensione di tale potere, che si può definire soltanto coscienza di sé. Di queste tre parole, ognuna acquista un peso e una relazione che penetrano nei recessi più profondi di ciò che attualmente posso toccare dentro di me.

Invoco con tutte le forze questo livello prezioso, ma continuamente ricado lungo la scala che al suo gradino più alto me ne aprirebbe l'accesso. Se qualche volta, per una frazione di secondo, sono sicuro di averlo raggiunto, altre volte ne son lontanissimo. Ma il gusto così percepito regna ora dentro di me, e mi permette oggi di avanzare nel buio, a schiena ricurva certo, ma meno sconfitto che mai.

Su di me pesa l'angoscia dei problemi apparentemente insolubili legati alla mia attività professionale. Il diabolico intreccio e le relative conseguenze di fatti del tutto casuali dimostrano la nostra completa irresponsabilità, e quanto ci sia impossibile condurre senza scosse un'impresa là dove vorremmo che andasse in tali circostanze. Basta che una di quelle tendenze cieche in cui si precipitano le masse degli uomini venga inopinatamente a intralciare l'azione da noi intrapresa, perché sia minacciata, insieme alla vita materiale, l'esistenza stessa della nostra lenta e faticosa costruzione.

Tuttavia, in una certa misura è possibile modificare queste forze; usando un pensiero logico, attivo, costantemente all'erta, attento alle molteplici conseguenze derivanti dalle scelte obbligate di ogni giorno - il tipo di pensiero che permette le gran di imprese - molte difficoltà sarebbero evitate.

Ma l'attuale fase di depressione dell'economia sfugge agli interventi individuali, sia di coloro che tentano di opporvisi, sia di coloro che tendono a provocarla o a dirigerne l'andamento. Le cause profonde di queste crisi, anche se sviscerate dagli « specialisti », si rivelano in realtà per quello che sono, e cioè il risultato d'influenze casuali sfuggite all'azione diretta dell'uomo.

La massa inerte delle manifestazioni contraddittorie prodotte da leggi economiche artificiali, inventale di sana pianta, esercita in tutti i sensi, una serie di forze che si scontrano casualmente, determinando effetti giudicati in seguito prevedibili perché gli uomini ogni volta escogitano per l'occasione un'apposita teoria capace di giustificarli. In realtà, nulla è più passivo, più greve, più lontano da una vera conoscenza dei bisogni essenziali dell'uomo, di queste teorie cosiddette scientifiche che cambiano continuamente in base alle trasformazioni dell'odierna vita materiale, pretendendo di spiegarle e di regolarle in tutta giustizia e verità. L'influenza esercitata dalle attuali condizioni di vita sul comportamento sociale dell'uomo che le deve subire è tale che quasi tutti considerano la sottomissione obbligatoria a queste leggi come un assenso volontario dato in piena coscienza. E perciò l'uomo, ogni volta che si ribella alla situazione materiale in cui si viene a trovare, pensa che le regole non siano state applicate e, se ne ha il potere, ne modifica l'applicazione o le cambia con altre a loro volta imperfette perché altrettanto prive di vera conoscenza, e invariabilmente, anche se in forma un tantino diversa, si ripete lo stesso processo.

Immerso nel meccanismo assurdo di un mondo economico aberrante, devo accettare la mia totale impotenza cercando al contempo soluzioni capaci di scongiurare almeno quegli eventi le cui conseguenze avrebbero dure ripercussioni su di me, sui miei, e su tutti coloro che si trovano impegnati tn questa impresa comune. È una lotta che assorbe tutto il mio tempo e mi esaurisce le forze. Solo a stento e a piccole dosi posso utilizzare la luce che rischiara i miei sforzi interiori; solo a fatica riesco a creare una certa distanza e a introdurre nella ricerca di soluzioni propizie un'attenzione migliore, sostenuta da un pensiero più attivo.

E cosi vado incerto, oscillando tra la gioia di essere e la paura, attento al pericolo, ma pieno di fiducia nel mio destino. La vita mi ha già dato moltissimo, e ho evitato ormai tante trappole sia dentro che fuori di me da non aver più dubbi sulle forze positive che mi guidano. Visto che il cielo mi presta il suo aiuto, come potrei rifiutargli il mio?

Questa sera il tempo non passa mai: fattosi improvvisamente immobile, incerto, mi schiaccia con la sua lentezza. L'umano se n'è andato da me, il corpo è solo più carne, la mente è esaurita, il pensiero incolore. Io resto in ascolto, ma nulla si muove né dentro né fuori di me. L'unico segno di vita è il mio cuore che batte con ritmo tranquillo, restituendo al tempo un confortante rigore.

Ho bisogno d'aiuto. A chi far ricorso se non a coloro che amo? A essi mi rivolgo anzitutto, poi a coloro che aspettano le mie indicazioni e a coloro dai quali le ricevo. E man mano si riforma la rete d'influenze che intesse la mia vita profonda.

Siamo davvero strane creature: in uno spazio vuoto, senza spessore, con un atto volontario di sottomissione a legami invisibili noi ritroviamo il tempio, e ci basta posare lo sguardo in modo diverso perché nasca un mondo pieno di risonanze.

Il mondo visibile e invisibile è lì nella sua immutabilità, eppure ciascuno di noi, se lo vuole e sa come volerlo, può mettere successivamente ogni cosa in un posto diverso senza che l'ordine generale venga cambiato. Nell'insieme di tutte le cose reali o potenziali contenute nell'Assoluto che noi talvolta chiamiamo unità, all'uomo è concesso di manifestarne alcune all'interno della creazione a fini che egli concretamente non è in grado di cogliere in tutti gli aspetti. Tramite una visione sempre più chiara delle cose, e tramite la sua peculiare facoltà di poter essere il tramite delle relazioni fra gli elementi più disparati, l'uomo risuscita per sé, e talora per i bisogni della sua conoscenza, qualcuna delle innumerevoli armonie le cui vibrazioni, si dice, assicurano l'equilibrio del Mondo. In ciò consiste il dono divino: l'uomo può accedere alla verità essenziale grazie al potere che gli è stato elargito di penetrare nell'Unità per comporvi a piacimento, a partire da elementi a sua scelta, un frammento di paradiso sottratto all'informe.

La materializzazione di un certo numero di tali rapporti, ordinati in una sequenza d'istanti, costituisce la Creazione, la cui materialità è visibile a vari livelli e a determinate condizioni: io, in quanto uomo fisico e finché esisterò come tale, sono in grado di percepirne alcune manifestazioni, che svaniranno quando sarò scomparso. Ma prima, durante e dopo il tempo della mia vita, su livelli estranei alla condizione umana, si instaurano altre relazioni che, per i corrispondenti livelli di percezione, sono altrettanto reali di quelle a me note. E io ho la possibilità di percepirne un numero sempre maggiore in quantità e in valore: ecco il succo dell'evoluzione. Le tenebre sono l'aspetto grezzo della realtà, rappresentano l'assenza totale di relazioni, salvo quelle derivanti dalla vita meccanica; viceversa, il paradiso consiste nella partecipazione via via crescente alle « armonie » di cui il mondo è pervaso.

Il sentiero, aperto sull'infinito, sembra non aver limiti, ma intanto la meta è lì, promessa dall'istante più prossimo: inventare, essendo « presente » a forze ancora mai collegate, il nuovo accordo che risuonerà più vicino al punto in cui cielo e terra si toccano dentro di me. Uomo... luogo ideale di sofferenza e di riconciliazione. Mettere in moto il pensiero da qualche tempo mi riesce estremamente difficile. Non che la mia mente sia incapace di cogliere un'idea per farne oggetto di un funzionamento armonioso: anche ora il processo, un volta avviato, si svolge senza intoppi come prima; tuttavia, in queste ultime settimane, sulla mia vita psichica è sceso un velo greve come un sudario.

Adesso parlare e scrivere significa sollevare da terra una massa vischiosa che non vuole staccarsi, e quasi sempre mi tocca desistere. Che cosa è successo? La risposta - che non è una risposta - sta nel cambiamento profondo che le attuali difficoltà economiche porteranno alle condizioni della mia vita esteriore, con una pesantezza che s'impone ormai in tutta evidenza. Le mie forze sono interamente assorbite da questo problema, e per costringere il pensiero attivo a mettersi in movimento ci vuole una richiesta imperiosa di origine esterna.

Vivo così volta a volta in due mondi interiori del tutto diversi. Ma può considerarsi tale un bazar brulicante di pensieri e sentimenti che si agitano caoticamente? Ho la sensazione di essere squilibrato dall'andatura traballante di un'attenzione grossolana a rimorchio di una parte di me fuori di senno, o comandata dai movimenti di un'emozione frenetica che avvolge e svolge le sue spire intorno al perno indistruttibile della paura.

Ogni tanto, però, al di sopra del tumulto si leva un silenzio lungamente atteso, sbocciato di colpo dall'attimo presente: al suo cospetto l'agitazione cessa e si scioglie la matassa imbrogliata del pensiero, spirale subito risolta in un punto immobile splendente di luce. Ogni cosa è ancora al suo posto, intatta.

Ma perché l'essenziale si è ridotto a una minuscola oasi sperduta nel deserto della mia vita incosciente, ridiventata immensa e arida a causa di eventi cui assisto impotente?

Diviso, estraneo a me stesso, io ascolto, quasi senza capire, le parole di una lingua tempo addietro non sconosciuta...

XVI

Essere « il Presente »

La vita in me è un miracolo che dura. Non dovrei esserne meravigliato e riconoscente? Al contrario, la mia attenzione è quasi sempre puntata sugli obblighi che la vita m'impone e sul lato negativo dei vari eventi che la costituiscono.

Ecco una forma particolarmente clamorosa del sonno in cui vivo, della mia assenza da una vita reale quasi sempre ignorata. Bisogna che la mia vita sia in pericolo perché mi decida a prenderla in considerazione: ogni volta che questo è successo, sono rimasto colpito dai grandi cambiamenti intervenuti nelle relazioni tra me e il mondo circostante.

Ci vorrà proprio la morte per svegliarmi? Quanti uomini vengono strappati dal sonno solo a causa di un'estrema sofferenza o dalla certezza definitiva di vivere gli ultimi istanti di vita? Adesso però la via del risveglio mi è più familiare, e per condurmi alla meta non è necessario che essa costeggi le rive sinistre della disgrazia. E sufficiente invertire la china su cui l'attenzione scivola per gravità in modo così facile da sembrare naturale: allora il mio sforzo, tramite un paziente atteggiamento interrogativo, può arrivar a toccare il risultato ignoto che ogni istante di vita determina nel mondo cosmico di cui la mia esistenza è un infinitesimo prodotto e sostegno.

In tal caso compaiono nuove relazioni, così fluide da rendere evidente quanto sia cambiato il contesto in cui si sono formate; lo stato di confusione man mano viene a cadere, e ogni movimento acquista un'individualità che rende l'istante vissuto una realtà concreta. Ecco la libertà: per un attimo sfuggo alla rete che condiziona in anticipo ogni mio gesto perché intessuta dai contatti meccanici incontrollati propri della mia esistenza ordinaria. Divento così un uomo libero, nella sola accezione possibile a queste due parole accostate.

Come prolungare questa libertà ancora relativa che dà al mondo un aspetto così diverso? Talvolta basta scendere dentro di sé e guardarsi attorno in modo diverso per accedere a uno stato in cui le cose non sono più solamente ciò che sono, ma diventano stranamente presenti. Eppure quasi sempre ignoro che la porta della prigione potrebbe aprirsi e rendermi la libertà. In che modo la prigione può tornare a essere semplicemente una dimora docile e obbediente, indispensabile ad assicurare il giusto riposo cui aspira qualcosa che si trova vicino alla coscienza?

Per il momento non ho alcuna risposta. Ma forse la risposta si trova in una delle metafore comunemente usate da Gurdjieff: « Bisogna che i lupi siano sazi e che gli agnelli restino interi »...

Londra. Alzando gli occhi, dalla mia stanza di un seminterrato vedo le gambe dei rari passanti perduti nel deserto di una domenica londinese. Dopo due giorni di contatti fecondi coi nostri compagni inglesi, regnano una calma e un silenzio propizi al lavoro.

Mi si pongono parecchi problemi a proposito dell'« io ». Che cos'è l'« io »? È difficile inquadrare e comprendere i molteplici aspetti con cui si manifesta la vita attraverso l'apparato umano; ciascun aspetto si presenta per mezzo di un supporto che con estrema naturalezza l'uomo chiama « io », ma la loro somma potrebbe essere rappresentata come qualcosa d'infinitamente grande e allo stesso tempo sottile, che esprime l'intero suo essere.

Perché mai, almeno per il momento, è impossibile raccogliere in un tutto unico i supporti frammentari che compaiono successivamente nell'uomo e che nell'insieme, secondo il buon senso, dovrebbero costituire la totalità delle forze capaci di esprimerlo integralmente?

Sonno, Presenza, Coscienza: tre stati che appaiono in successione riempiendo un'infinità d'istanti occupati da diversi « io », mentre la manifestazione effimera di ciascun « io » sembra escludere quella cui l'uomo un istante prima aveva affidato il compito di esprimerlo interamente. L'IO totale: un amalgama di carne, ossa, sangue, pensieri, sentimenti ed energia in qualche modo collegati insieme? Definizione troppo semplicistica. D'altra parte, perché cercare una definizione? Ogni tentativo in tal senso limita il problema ai dati teorici, mentre l'essenziale è la sensazione della sua realtà globale, cosa che presuppone ben altri mezzi rispetto a quelli utilizzati dall'uomo per conoscere l'insieme delle manifestazioni che arrivano a toccarlo nel mondo in cui vive.

L'IO totale è la sensazione che ho di tutto questo, è la mia essenza, la mia personalità, il gioco sottile dei centri, delle funzioni, l'azione reciproca degli uni sugli altri con le relative conseguenze sul modo di ricevere le impressioni. E anche l'ostacolo che mi separa dalla mia globalità: mi separa da me, quattro parole che ampliano il problema in modo estremamente singolare. Vuol forse dire che PIO può trovarsi contemporaneamente al di qua e al di là di un'area oscura insita dentro di me? Oppure che l'estensione del mio dominio è costituita alternativamente da zone d'ombra e di luce, impossibili da cogliere insieme col medesimo sguardo?

La particolare sensazione che oggi posso avere di me, per quanto sia possibile esprimerla in parole, passa per una distinzione - forse arbitraria e falsa ma idonea a descrivere la sensazione provata - tra la forza vitale di cui dispongo e il supporto fisico, mentale e affettivo che finora ho identificato come « io ». Sono in grado di avere una certa coscienza dell'IO solo se la forza di vita che contengo si fissa tramite l'attenzione, su un oggetto, un'idea o un evento qualunque, attivando il funzionamento di uno o più strumenti di percezione in mio possesso. L'immagine che si viene così a formare può essere trattenuta dalla funzione oppure, nel caso ottimale, trasmessa a una zona più vasta che, ricevendone forza e vita, diventa allora l'« io » del momento.

L'IO appare come il supporto della materializzazione sensibile di tutti gli istanti vissuti, secondo una scala che va in teoria dall'esistenza più meccanica presa come zero all'infinito della Conoscenza accessibile all'uomo n° 7, una scala che può essere gradualmente risalita all'interno dell'apparato umano sotto l'impulso dell'energia che chiamo vita.

Viene così evocata l'idea di un io universale collegato a tutti i gradini di quella stessa scala cosmica in base alla quale sono stato creato, un io capace d'acquisire coscienza di tutti i propri elementi, partecipando così alla coscienza universale, per definizione inaccessibile agli « io » che costituiscono la meccanica vita ordinaria.

Basta che la mia attenzione e il mio interesse si spostino, per ché s'illumini una parte di me rimasta finora nell'ombra. La luce dura soltanto un batter d'occhi, e il ripetersi di questo ammiccamento contribuisce a dare all'IO totale il carattere non definito, inafferrabile e misterioso che mi rende così difficile integrarlo alla mia comprensione.

Il « sonno » o la « presenza » sono effetto rispettivamente della debolezza o della penetrazione profonda della forza di vita nelle varie zone di quest'io universale che oggi percepisco solo a tratti e a frammenti.

Da questo punto di vista cos'è l'« io permanente e immutabile » che caratterizza gli uomini pervenuti a un certo grado d'evoluzione? Forse, per ogni specifico evento, consiste nella possibilità di illuminare simultaneamente, tramite un processo interiore talora intuito in maniera confusa, tutte le parti e tutti i livelli relativi all'evento di quest'io universale che esiste potenzialmente nell'uomo, offrendo quindi all'evento, o all'idea, un'individualità così piena da conferirgli un totale potere d'apprezzamento, di giudizio e d'imparzialità.

Viceversa, quasi sempre mi tocca dar vita a una serie di « io » miserabili, servili, interessati e meschini, ciascuno dei quali pretende di essere la mia totalità.

Io... questa strana persona che non conosco.

Appena tornato dall'Inghilterra, per sei giorni mi sono ammalato con la febbre alta. Che curiosa impressione sentire il corpo dolorante, e la mente, del tutto sregolata e incapace di seguire un filo associativo continuo, accozzare parole apparentemente sconnesse, mentre sullo sfondo perdura la sensazione di una vita intatta, pronta a riprendere un ruolo attivo non appena i supporti momentaneamente fuori uso saranno di nuovo in funzione.

Ma sotto questo profilo, da due giorni tutto è tornato in ordine anche se il corpo è rimasto malato, e io sono di nuovo in grado di utilizzare le varie forme di pensiero.

L'energia vitale è parte dell'IO, o è possibile fare la distinzione accennata in precedenza?

Per quanto all'interno dell'apparato umano le due cose non siano separabili, sembra che sul piano immediato la vita in quanto energia possa essere distinta dall'IO.

Si può considerare la vita umana come un groppo d'energia di qualità sconosciuta, concentrata in un luogo del corpo ignoto alla scienza, che a ogni secondo permette ai vari strumenti in dotazione all'uomo di effettuare una serie di scambi con la corrente generale d'ogni tipo di forze che percorrono il mondo cui l'uomo appartiene. Ogni frazione d'energia vitale mette in movimento uno o più strumenti che hanno la funzione di ricevere attraverso lo spazio impressioni d'ogni genere che vengono di volta in volta a ricaricare il complesso umano; senza questo apporto incessante, l'uomo può essere visto come un accumulatore disinserito da ogni circuito, ossia una cosa morta.

La vita per l'uomo è dunque un inserimento obbligato nell'immenso circuito dell'Universo a fini per ora difficilmente immaginabili. Ci è stato detto che questo scambio o si accompagna a una semplice trasformazione d'energia - tale sembra essere la funzione della vita animale e vegetale - o risponde a una finalità più elevata che avrebbe per conseguenza, oltre alla sottile trasformazione così realizzata, la parallela evoluzione del trasformatore.

Tuttavia, per la maggioranza degli uomini la vita si limita al tempo d'esistenza in cui quel meccanismo complesso che è l'uomo procede inconsciamente alla trasformazione di energie banali - pur se di ordine diverso, forse, dalle energie dei regni animale e vegetale - secondo un processo che alla morte lo lascia praticamente al punto d'inizio; e l'« io » è l'idea che ciascuno si fa della propria esistenza e del proprio funzionamento.

Ma l'uomo ha la possibilità di adempiere in modo più completo alla propria missione, e di lavorare perché si operi quella trasformazione sottile dell'energia che, rispondendo a fini più alti, nello stesso tempo lo fa accedere alla coscienza, cioè partecipare a un livello d'essere che trascende i limiti della vita biologica. L'IO totale diventa così il veicolo nuovo che, andando al di là della semplice sensazione che l'uomo ordinario ha della propria esistenza, consente d'entrare, con la coscienza ormai acquisita di se stessi e della propria individualità, in un mondo che oltrepassa le frontiere per ora inesorabili della morte.

Come trovare un filo conduttore nel groviglio di forze che determinano, mantengono e perpetuano la vita nell'Universo? Noi, creati, nutriti, guidati e distrutti da queste forze, solo attraverso noi stessi possiamo sentirne concretamente il potere, tentare di coglierne le linee dominanti e scoprire le leggi cui obbediscono.

Le « leggi naturali », come quelle di gravità, di gravitazione universale e tutte le altre che la scienza moderna ha dedotto per mezzo dell'esperienza, sono soltanto un aspetto parziale e una conseguenza delle leggi cosmiche fondamentali che, secondo Gurdjieff, sostengono l'interò universo: vale a dire la legge delle tre forze (legge del tre), e la legge del sette (legge d'ottava). Per ottenere una reale conoscenza del mondo vivente regolato da queste due leggi fondamentali, e da altre che ne derivano, tanto uno studio scientifico delle prime che un approccio teorico delle seconde non sono sufficienti.

Ma un'osservazione condotta con la qualità d'attenzione che il lavoro su di sé è in grado di suscitare, ci permette di sperimentare direttamente gli effetti pratici delle tre forze che generano tutti i fenomeni del mondo in cui viviamo. In questo modo possiamo seguire le tappe successive della legge del sette, o legge d'evoluzione, e imparare a riconoscere i punti in cui lo sviluppo si arresta, finché, a partire da un certo momento, diventeremo capaci di modificare il processo evolutivo nel senso più favorevole: e così a poco a poco noi diventiamo « coscienti ».

Ma qualcosa di noi resta in balìa delle forze che agiscono in ogni direzione all'interno della vita meccanica: noi ne subiamo ciecamente gli effetti, e finché restiamo addormentati, ogni nostra manifestazione automatica obbedisce a ciò che Gurdjieff chiama « legge dell'accidente ».

Si può chiamare così la congiunzione accidentale di più forze, presenti in uno stesso posto allo stesso momento, che si fondono tra loro generando altre forze, a loro volta esposte a incontri fortuiti con altre ancora e così via, finché non intervenga una « volontà cosciente » a interrompere il processo. Trovandoci così in mezzo all'intreccio di forze che pervadono l'universo e penetrano in noi governandoci, e ignorandone la natura e le leggi essenziali, è chiaro che la nostra possibilità di scelta è praticamente nulla: e non ci resta che subire passivamente le conseguenze risultanti dal loro impatto fuori e dentro di noi. Ecco la causa fondamentale della nostra meccanicità e della nostra impossibilità di « fare ».

Sfuggirvi significa anzitutto sentire in sé la schiavitù totale e permanente dovuta alla rete di cause ed effetti che ingabbia qualunque pensiero ordinario, qualunque impressione ricevuta automaticamente e qualunque impulso, organico o d'altro ordine, prodotto dall'abitudine. Significa inoltre cercar di capire che la fusione tra forze accidentali presenti in un certo istante può dare un solo tipo di risultato, sicché le cose che « capitano », ossia la totalità delle manifestazioni della nostra vita meccanica, non possono essere altro che ciò che sono. Gurdjieff ha detto molto chiaramente: « Tutto avviene nell'unico modo possibile: ciò che avviene - e soprattutto ciò che è già avvenuto - in un certo modo non può avvenire altrimenti ».

Sentire in noi questa schiavitù significherebbe comprendere la nostra dipendenza dalla « Legge dell'accidente ». Se fosse davvero sentita, allora una « coscienza » - un'intelligenza d'altro livello - potrebbe applicare al punto d'incontro delle forze casuali una forza diversa capace di modificare il processo avviato e governato da una legge meccanica, permettendoci così di sfuggire man mano alle malefiche conseguenze della vita incosciente che noi conduciamo senza comprenderne a fondo il processo.

Il caso - o l'accidente - è ben più limitato di quanto si possa pensare: i risultati non sono affatto casuali. Siccome due forze determinate, in presenza una dell'altra, possono dare un unico risultato, soltanto l'incontro è casuale: in un certo istante, si possono trovare a contatto due forze che non lo erano un attimo prima. Liberarsi dalla legge dell'accidente non significa modificare le conseguenze delle forze che si manifestano casualmente attraverso di noi - la qual cosa, propriamente parlando, sarebbe un miracolo -, ma significa da una parte acquisire una tale conoscenza delle leggi e di noi stessi da render possibile il discernimento e la scelta tra le influenze - o forze - che ci attraversano a un dato momento, e dall'altra suscitare nuove forze capaci di produrre effetti orientati verso un obiettivo coscientemente previsto.

Di conseguenza, la volontà che sceglie e decide sopprime l'ultimo fattore casuale, e l'uomo che sappia acquisire questo tipo di volontà si libera dall'« accidente ». L'attenta osservazione degli sforzi di lavoro dimostra che tale liberazione procede per gradi e che, in qualche modo, ogni vera comprensione, ogni nuova possibilità di rompere momentaneamente la vita meccanica è anche, sotto certi aspetti, una liberazione dalla « Legge dell'accidente ».

Con tutte le forze rivolte all'interno, tento di essere solo il presente. Ma il tentativo, nel momento stesso di iniziare, viene degradato dall'azione che lo esplica, e subito il mio sforzo interiore si riduce a nutrirsi soltanto di questo sottoprodotto, come una fonte pura immediatamente inquinata dall'ambiente in cui sgorga.

Essere in me, o più semplicemente essere, non essendo né colui che credo di conoscere né colui che si manifesta attraverso di me, non significa soltanto esprimere la mia realtà separandomi dall'esterno per sentirmene distinto; essere significa mantenere le forze vitali in stato di contemplazione l'una di fronte all'altra entro il cerchio della mia realtà umana presa come un universo « finito », e tenerle separate dal supporto mentale, emozionale e fisico che ordinariamente mi riassume in sé.

In quell'istante io basto a me stesso. Separato da ciò che mi circonda, sono il mio stesso materiale d'esperienza. Tutto è nuovo, insolito, ignoto. Alcune forze mantengono faticosamente l'equilibrio tra la massa dell'essere nel suo insieme e la parte che, pur appartenendogli, se ne trova curiosamente staccata e lo contempla. Percepisco distintamente altre forze che cercano di rompere l'equilibrio del sistema per ributtarmi all'esterno: se cedo, riprendo la visione ordinaria, e nello stesso tempo smetto di essere.

Sento immediatamente l'incompatibilità di queste due condizioni che dimostrano tanto l'assenza di unità interiore quanto la falsità permanente della mia visione quotidiana. L'apparenza del mondo visibile sembra essere direttamente legata alla mia qualità d'essere: le forme continuano a esistere, ma il modo in cui i miei strumenti di percezione le traducono va dalla più completa illusione a una verità che non riesco ancora a cogliere in tutta la sua portata.

Che cos'è il mondo? Che cosa sono io? Al di là della testimonianza di me che do a me stesso, che cosa sono realmente?

Per ora non esistono sostantivi né aggettivi che possano definirmi. Restare senz'alcuna risposta di fronte a questo interrogativo significa essere colui che è, senza pretendere che questa espressione significhi qualcosa di più che sentirmi vivere al posto giusto, corrispondente al mio attuale livello rispetto al mondo reale in cui sono inserito.

Sentendomi essere ciò che sono, si pone allora un'altra domanda: chi sono? Da ogni parte piovono risposte dettate dalla mia visione quasi sempre frammentaria. Chi sono è la domanda delle domande. La risposta non è per domani.

Mi raccolgo di nuovo in ogni istante che si presenta: le parole man mano s'estinguono, e le immagini svaniscono. Pace silenziosa delle funzioni. Io sono, so di essere, sento di essere. Io sono « il presente ». Potrei restare così a lungo, pieno della mia gioia di essere, ma già so che pian piano, senza rendermene conto, la realtà si trasformerà in un sogno che le somiglia e che ne sarà solo un riflesso, ma un riflesso « così vero » che non m'accorgerò di nulla; e quando, tra poco, quella realtà sarà solo un ricordo, io sarò sempre qui immobile nello stesso posto, e continuerò a credermi presente.

No, a questa pace menzognera bisogna muovere guerra. Chi può contemplare che cosa? Ancora un sogno tenace... La guerra santa deve cominciare nello sconquasso dei fallimenti cui è votato il mio sforzo migliore. Spesso bisognerà gettar via gli strumenti consunti dall'uso, e a lungo scavare a tastoni con le unghie e coi denti, pregando a mani giunte perché un Verbo si oda in ispirito: e tutto ciò simultaneamente, senza sapere come, avanzando, indietreggiando, umile, glorioso, insolente, rispettoso, nel tumulto inaudito dello sforzo mille volte ripreso...

Allora, nel pieno della battaglia, senza che sia possibile percepirne l'origine né darle un nome, portata da un istante nuovo, verrà un'altra pace.

Di me parlo solo al passato. Il presente espresso al momento è soltanto la cosa raccontata dallo strumento che se ne ricorda, ma la parte che percepisce è svanita. Contrariamente a ciò che credevo, non è quest'ultima a parlare e a decidere la sequenza delle parole destinate a tradurre l'istante, anche quando si tratta di un istante più autenticamente vissuto. Nell'attimo in cui lo descrivo, una forza proveniente dalle due sorgenti principali che alimentano la mia vita di relazione – l'intelletto che comprende e il sentimento che conosce anima talvolta il mio tentativo con un tal gusto di verità, che non posso evitare di identificarmici per intero.

Devo proprio arrendermi all'evidenza: un muro ovattato separa la mia realtà profonda, sentita per un attimo, dall'apparato intelligente e sensibile che pretende di rappresentarla, e che finora non avevo separato dall'« io » interiore col quale, nei momenti migliori, mi vanto di combaciare perfettamente. Il muro è in parte costituito dallo stesso pensiero, perché un meccanismo, cui non riesco a sfuggire, vuole che lo stato attivo del « pensare » venga immediatamente espresso dallo strumento previsto allo scopo, strumento che trasferisce la mia percezione di quello stato attivo all'esterno del muro di feltro, tagliandomi fuori dal luogo interiore in cui l'atto del « pensare » ha origine. Così mi trovo sempre respinto all'esterno di me, sicché la mia vita risulta vissuta in modo del tutto parziale.

Diventare uomo significa per me assumere piena coscienza della mia totalità, ossia percepire simultaneamente, in modo stabile, tanto i processi d'ogni sorta dovuti alle funzioni organiche e psichiche, quanto l'indicibile animazione interiore che queste funzioni, a causa del loro andamento automatico, mi rendono normalmente inaccessibile. In tal caso si instaura un conflitto angoscioso tra l'azione cieca della vita di oggi e le forze evolutive, murate vive nella tomba che per loro io rappresento.

Ormai sarò in grado di sostenere questa sofferenza, aprendo contemporaneamente una porta nel muro ovattato del sonno? Come aprire quella porta e agire sui miei meccanismi per sfuggire un istante al loro potere? Vi riuscirò senza conoscerli, cioè senza conoscere me stesso? D'altra parte, conoscere me stesso è un'impresa diabolica, perché a tal fine dispongo soltanto di strumenti e di mezzi soggetti alle incognite che devo appunto studiare. Non potendo utilizzarli in modo ordinario, né sfuggire al mondo interiore che essi governano dentro di me, cerco pian piano, in mille modi diversi che esauriscono nell'azione stessa il proprio potere, di aprirmi al non-fare, lasciando che le forze omologhe all'esterno e all'interno si uniscano attraverso di me, grazie a una miracolosa trasparenza realizzata in un lampo.

Non sforzarsi più di cercare, evitare ogni tentativo, e tuttavia non restare immobile. Essere presente su tutti i diametri che attraversano da parte a parte la sfera alla cui superficie vengo continuamente respinto, misurando la forza centrifuga che mi ci costringe, significa permettere che si generi una divina forza di gravità capace di realizzare l'equilibrio delle forze contrarie, facendo di me un mondo finito, integrato armoniosamente all'intero universo.

Sì, una parte dei miei desideri va proprio in questa direzione, ma mi tocca mendicare al tempo che mi divora un ultimo istante di tregua, in attesa che appaia il vero conflitto. Scegliere tra il sonno e la Passione...

XVII

Viaggio al termine della vita

L'immagine che offro agli altri dopo tanti sforzi non lusinga molto la mia vanità. L'uomo funzionale è sempre lì, coi suoi bisogni, i suoi desideri, i suoi impulsi automatici, le sue menzogne; dall'esterno è lecito porre la domanda: dov'è il cambiamento?

E dietro il sipario che qualcosa ha preso vita, e man mano si è costituita una forma capace di rispondere a ciò che propone l'Insegnamento di Gurdjieff. Il lievito indispensabile è stato sparso dietro la facciata, e lo strumento della ricerca si è forgiato lentamente... Perciò gran parte dell'uomo esteriore non ha subito l'azione che lo sforzo e la sofferenza hanno esercitato su di me. E l'immagine ne patisce.

Tuttavia lo strumento è stato continuamente modificato, arricchito e perfezionato al fine di studiare i vari mondi che contengo. Ne consegue, tra l'altro, che se l'uomo esteriore è rimasto in gran parte quello di prima, l'uomo interiore ne ha preso coscienza. La relazione tra i due si è modificata, e anche se ha cambiato pochissimo le apparenze esteriori che presento agli altri, mi dà una sensazione interamente diversa dell'essere formato da entrambi.

Si tratta di un cambiamento reale, l'unico per il momento cui io possa aspirare. E la trasformazione dell'ESSERE, ossia di ciò che tiene il posto della concezione fisica generalmente accettata, e che include simultaneamente la totalità dei miei apparati fisiologici e psichici, compresi i risultati delle influenze che essi esercitano gli uni sugli altri, la mia « presenza » alla loro azione, la mia capacità di riconoscere, accogliere e utilizzare le forze d'ogni livello presenti in me e attorno a me, e infine il grado di coscienza che mi è accessibile in un dato momento.

Il sentiero s'illumina cammin facendo. Al risveglio dell'uomo interiore deve aggiungersi adesso in modo più cosciente lo sviluppo dell'uomo esteriore, sì da stabilire un giusto equilibrio tra i diversi piani dell'uomo che io sono in potenza...

Strana cosa la vita. Vivere: avanzare in un paese nuovo, mettere il piede ignaro su una terra ignota, e varcare a ogni istante la cortina opaca del tempo. Sapere che da qualche parte un precipizio ci inghiottirà. Quando? Il prossimo passo sarà anche l'ultimo? E non poter indietreggiare, e nemmeno fermarsi!...

Il biglietto per il viaggio compiuto al ritmo del tempo sul sentiero dell'esistenza è gratuito; peraltro non potendo scendere dalla vettura, per pigrizia naturale mi accontentavo di osservare il mondo vissuto, cogliendo qua e là i frutti a portata di mano. Ma da quando il sentiero si è stranamente diviso, andando al contempo verso due spazi contrari - l'uno affollato da una ressa di pensieri e desideri e l'altro interiore, silenzioso e in ripida ascesa - a ogni passo mi tocca pagare un pedaggio.

Per sostenere questa spesa, a lungo è bastata la volontà e lo sforzo perseverante. Adesso ci vuole qualcos'altro. Al di là degli impegni presi e delle decisioni irrevocabili, occorre lasciar che s'aggiunga ai ricordi del cammino percorso la forza d'attenzione suscitata in me da una lunga pratica di ricerca, un'attenzione calda, imparziale, costosa e difficile da ottenere. Allora il sentiero s'illumina, e il misterioso percorso compiuto, diretto sia verso il futuro sia verso un passato immobile che conserva il sapore del presente vissuto al momento, conferisce alla mia vita una nuova dimensione.

E più è lieve la forza che utilizzo, più resta profondamente segnata l'orma dei miei passi.

La morte comincia presto a incalzarci dappresso, quella morte lenta che costituisce la nostra progressiva chiusura alle forze provenienti dall'ambiente vivo che ci sta attorno e alle quali i bambini offrono una trasparenza naturale di cui l'adulto ha smarrito persino il ricordo.

E tuttavia basta che mi sporga un pochino oltre il muro per sentire in fondo a me stesso le impressioni di allora, depositate in quello spazio miracoloso, presente in ciascuno di noi, che le conserva intatte in tutta la loro ricchezza.

Ho vissuto momenti in cui il colore del cielo e le speranze di una giovinezza irrequieta si univano indissolubilmente, in cui la dolcezza del tempo, dei fiori, dei profumi, la presenza di una madre amata e la certezza che tutto ciò m'appartenesse, hanno formato al mio interno una realtà inseparabile che nulla in seguito ha mai eguagliato. Ma poi a poco a poco, nonostante le apparenze, questi abbinamenti sono scomparsi, e oggi, quando mi trovo in situazioni analoghe, ogni impressione percepita si registra separatamente, o se per caso si stabilisce un certo contatto, le impressioni lasciano in me una traccia che non ha nulla a che vedere col contenuto di quelle che mi colpivano in passato.

Adesso, per ritrovare la stessa qualità ci vuole uno sforzo, bisogna rifare il contatto, spazzare lo strato di polvere che ci separa dalle forze vitali preparate apposta per noi. Se non stiamo più che attenti, questo strato sarà presto il lenzuolo destinato a seppellire definitivamente la nostra vita reale, lasciando sussistere soltanto un insieme di meccanismi animati ancora per qualche tempo dai residui delle forze divine momentaneamente affidate alle nostre cure.

E finiremo così per raggiungere una volta per tutte l'immensa coorte di coloro a proposito dei quali è stato detto: « Lasciate che i morti seppelliscano i morti ».

Ricordate se stessi, lottare, soffrire: sino a quando? Sino alla fine?

Già sento le accuse: non c'è dunque pace alle soglie della morte per coloro che hanno penato sulla via da voi indicata, mentre altre vie meno ambiziose incontestabilmente sembrano darla?

Anche il sonno porta la pace. Sognare un aldilà meticolosamente costruito per tutta la vita come ricompensa della medesima significa preparare il potente anestetico che consenta di superare senza paura i traumi della vita, e forse anche gli istanti terribili che precedono la morte. Credere imperterriti alla bontà e alla giustizia di un Dio che attende nel suo Paradiso gli uomini giudicati virtuosi secondo il criterio più corrente della morale a uso esteriore, è anch'essa una forma di sonno.

Sentire invece dentro di sé la forza invincibile della Fede associata indissolubilmente all'immagine viva del mondo superiore annunciato da tutte le Tradizioni, con ogni probabilità permette di vivere senza paura gli ultimi istanti di vita.

Ma schiudere una porta sulla realtà, come facciamo noi, osservare dall'interno la distesa d'illusioni che, salvo qualche eccezione, sommerge ogni vita, anche la più perfetta, e conoscere il gusto di un'altra qualità d'essere senza esser riusciti a fissarlo almeno parzialmente dentro di sé, deve costituire un terribile punto interrogativo al momento dell'ultimo addio.

Uno dei pericoli della nostra avventura è quello, un bel giorno, di non trovare più il nostro sentiero. A partire da un certo punto, quando già i nostri occhi si sono aperti su uno spazio nuovo e noi, non potendo più identificarci soltanto al mondo funzionale dei vari livelli in cui si svolge la nostra vita, cominciamo ad ammassare nelle nostre « memorie » le tracce successive di attimi vissuti altrimenti, da quel momento non possiamo più volgerci indietro senza essere trasformati in « statue di sale », ossia pietrificati in un sapere immobile, senza poter ritrovare per molto tempo il mondo conosciuto e il suo aspetto anteriore.

Se a seguito d'improvvise influenze contrarie, dell'atrofia accidentale o dell'asfissia progressiva del centro magnetico, viene perso il contatto con le forze che provocano l'apparizione anche solo episodica della coscienza, allora l'uomo smarrisce la strada, senza però ritrovare il sonno di un tempo. In certi casi, addirittura, l'uomo può non rendersi conto che il proprio « lavoro » è un sogno prodotto dallo stato di sonno che egli continua a chiamare « vita interiore ». Non perdersi significa andare avanti verso ciò che è profondo, difficile e doloroso, significa fendere il vento contrario senza farsi deviare a destra e a manca dove il percorso è più facile, e tenere il centro della strada. Artefici del non-fare significa non smettere mai di lavorare, guerrieri della pace significa battersi continuamente, pellegrini della ricerca impossibile significa trovarsi improvvisamente appagati.

Così facciamo l'apprendistato della morte, e prepariamo i bagagli che ci sarà forse concesso di portare con noi. Perché l'uomo, dopo la morte, va verso ciò cui è attaccato. Egli diventa ciò che ha servito: il corpo, i sogni, o una parte del mondo cui la sua coscienza è legata; il nulla, oppure qualcosa che non appartiene soltanto al mondo di quaggiù.

Morire significa' dunque anzitutto vivere in modo che nasca in noi la Particella Immortale cui, al termine di un lungo sforzo, verrà ad aggiungersi qualche forma inimmaginabile di ciò che allora ci sentiremo di essere. Poi ciascuno prenderà la sua strada, chi verso il cielo, chi verso la terra, e la morte non sarà più che uno stretto passaggio...

Cominciano ad avere per me un certo peso alcune parole misteriose che Gurdjieff ci ha riportato dalle profondità di un'antica saggezza:

« Beato chi ha un'anima, Beato chi non l'ha, Ma sventura e dolore a chi ne ha solo l'embrione ».

Verrà Natale? Il Natale della nuova nascita, il Segno che ognuno, nel proprio intimo, aspetta confusamente, annunciatore della vita reale che ancora non conosciamo.

Non posso impedirmi di provare una certa tristezza davanti al modo di celebrare un anniversario il cui significato, anche se non si limita a un pretesto per festeggiare o a un semplice ricordo storico, generalmente non va al di là di un atto di gratitudine a carattere religioso, nel quale l'uomo si sente coinvolto solo indirettamente in quanto particella dell'umanità cristiana, e non è in grado di collegarsi personalmente a un evento comunque lontano dalla propria realtà quotidiana. O, se pure è possibile, il collegamento avviene tramite uno di quei sentimenti stucchevoli che infiorano la sua natura e che, nel manifestarsi, hanno l'effetto di intenerirlo.

Per me, l'atteso buon Natale è l'avvento dell'uomo nuovo, liberato dalla schiavitù dolorosa della ripetizione meccanica eretta a sovrano.

Vuol forse dire che l'uomo nuovo apparirà un giorno al suono di squillanti fanfare cambiando ogni cosa? E più verosimile che egli compaia sotto mentite spoglie, e che per lungo tempo debba restare nella stalla, tra l'Asino e il Bue, rinnegato dal mondo interiore che mi governa. Anzi, forse è presente in me fin dal primo giorno, ignorato e respinto; ed è solo di tanto in tanto che qualche Melchiorre o qualche Baldassarre gli portano in segreto, l'oro, l'incenso e la mirra...

Natale, festa della speranza, una speranza che occorre pagare.

L'uomo che c'è in me uscirà dalle brume indistinte che il frazionamento delle immagini prodotte da ogni istante vissuto gli dispone attorno in minuto pulviscolo?

Il frazionamento incessante del contenuto della vita, considerato ogni volta la totalità di me stesso, ma in realtà ogni volta diverso, si difende egregiamente contro qualsiasi tentativo di raccoglimento.

Essere raccolto: ascoltare dentro di me il tumulto dei movimenti del mondo fenomenico senza volerli distinguere dall'IO totale, ed essere colui che ascolta, contenere tutto insieme. Non vivere più nelle parti esterne di me, e tuttavia non credere soltanto allo sforzo di interiorizzazione che mi riporta al centro, sottraendomi così di nuovo alla sensazione della mia globalità. Vivere la totalità, vivere la sofferenza di non essere, l'unica che favorisca il contatto con ciò che sono profondamente.

Sta spuntando una luce cui andrebbe rivolto uno sforzo più costante. Mi sento ancora così poca cosa, assalito a ogni istante da mille interessi contraddittori. L'immagine del Lavoro, del mio posto, del pensiero da attivare in tal senso, si aggrappano mostruosamente alle forme ordinarie del mondo preconcetto che non riesco a estirpare.

Ogni mattino, ogni attimo, rimettere tutto in forse, ricominciare daccapo.

Ogni istante è una nuova nascita, nulla è mai simile a nulla, ma il nostro più gran desiderio ogni giorno è quello di rimettere ottusamente il piede nell'orma del giorno innanzi. Ma il domani è già qui, è già passato: che cosa ne ho fatto? Si presenta un nuovo domani, e io lo percorro con i vecchi stivali. E il sentiero della morte. Invece la vita è alternanza, nascere-morire, nascere-morire... ma la vita meccanica dell'uomo è un continuo aborto d'istanti nati morti, la cui somma non può essere che la morte.

Strapparmi dal sonno ipnotico che mi sommerge senza che debba viverne un altro, simile al risveglio, nel quale, pur se esisto e capisco, tuttavia una parte di me resta estranea alla vita nuova apparsa per un istante. Se possibile, ascoltare soltanto la voce angosciata dell'essere che chiama, scuotermi dal torpore, levarmi dal sepolcro, essere vivo tra i morti che mi abitano... Ancora parole, immagini, pensieri già tornati alla tomba, inghiottiti dal passato ormai morto.

Ma allora dove si incontra la vita? Nella dolcezza di un affetto puro, in uno stomaco abbondantemente saziato, nel movimento gioioso del corpo, oppure nel coito focoso, forse l'unico istante in cui l'uomo si senta interamente coinvolto? Sì, per gli uomini questa è vita, ma la vita dell'uomo può essere solo la vita della sua coscienza, cioè la possibilità di assistere con tutto se stesso alla pulsazione permanente che dovrebbe risuonare tra la coscienza di ciò che egli è, e le forze prestate alle manifestazioni della sua vita funzionale. Trovarsi al centro di sé, irradiando la stessa attenzione sui molteplici luoghi e strumenti contenuti nell'uomo, e permettere secondo per secondo a ciascuno di essi di adempiere alle rispettive funzioni con l'attenzione più appropriata: non è forse questa la respirazione della vita cosciente?

Ormai, per entrare nel mondo diverso che ho appena intravisto, mi tocca muovere un passo. Ma mi trovo esattamente nella stessa situazione vissuta nell'incubo notturno che di tanto in tanto sogno fin dall'infanzia: nel momento di dover raggiungere un certo luogo in un tempo limitato, come rincorrere un treno in partenza o sfuggire a un inseguimento, non riesco a sollevare i piedi inchiodati al suolo, e ogni passo mi costa una somma di sforzi davvero incredibile.

Analogamente, nel sogno a occhi aperti in cui vivo di solito, quasi sempre credo di camminare con passo leggero sulla via di una nuova conoscenza, e per accorgermi dell'incredibile pesantezza curiosamente esemplificata dal sogno notturno - che mi incatena al mondo ordinario, mi occorre un risveglio di gran lunga più intenso.

« L'Uomo è l'ombra di Dio e gli uomini sono l'ombra dell'Uomo », dice un'antica tradizione. Vivendo all'ombra di me stesso, quando mai riuscirò a distinguere l'uomo dall'ombra e a non scusare le mie debolezze?

Allora soltanto, forse, potrò acquisire uno dei tanti doni che mi mancano: sapermi servire di coloro che mi sono stati concessi.

Verrà un giorno in cui avrò davanti la morte. Ma, col mio più totale consenso, tutto contribuisce a farmelo dimenticare.

La recente scomparsa di un amico lontano, il suo modo di affrontare la morte e il conseguente aiuto che ne ha ricavato, m'induce ad approfondire la questione.

Quando mi rappresento la morte, immagino sempre quella di un altro e non la mia, anche se il personaggio immaginario porta il mio volto. La morte non si può guardare tranquillamente senza provare terrore. In questo senso, l'indifferenza è un'anormalità quasi sempre patologica.

Oggi riesco a osservare la morte un po' più da vicino, e per misurare la forza dei miei attaccamenti, mi basta evocarne organicamente l'immagine: essa è la fine di tutto ciò che provo, ma soprattutto - la cosa che mi riesce più insopportabile - è la fine del pensiero. Che cosa sostituirà la relazione tra le forze dell'Alto e l'atto interno di pensare che oggi costituisce il « mio pensiero »?

La scomparsa del corpo è una certezza così antica che ha concentrato in sé l'idea della morte e, salvo la paura della sofferenza fisica mai superata, ha finito per farmela in parte accettare. Ma i desideri tuttora intensi, i rimpianti, l'autocommiserazione, il previsto dolore dei miei, si raccolgono in una massa greve, incollata alla terra, che l'intera mia persona sensibile non si risolve ad abbandonare. Se non sto più che attento, proprio questo è il punto dolente in cui mi attenderà la morte, una morte orribile, ingiusta, che fuggirò urlando, e alla quale, tremante di paura, mendicherò ancora un giorno, un'ora, un secondo di vita...

La Fede offre al credente una vasta gamma di mezzi per superare questa soglia, dalla credenza ingenua in un paradiso pronto ad accoglierci, fino alla presenza reale di una potenza venuta dall'Alto, messaggera di un Mondo Superiore più volte intuito.

Anche dentro di me esiste una forza illuminante, ma è priva d'ogni forma convenzionalmente religiosa ed è dotata dell'unica virtù di essere: senza parole, senza colore, senza misure né limiti. Quando s'annuncerà la morte, dovrò cercare di mettere insieme i frammenti sparsi di questa energia che oggi, se richiamata, permette di risvegliare la coscienza e di lasciar cadere la massa degli attaccamenti promessi al sacrificio.

Chi m'aiuterà a concedere agli interessi mondani soltanto la giusta attenzione, per rivolgermi invece con tutta l'anima verso la forza momentaneamente affidata al mio essere, una forza che la morte bruscamente invertirà nel suo corso, facendola tornare al livello superiore da cui era partita? La sorte della mia vita dipenderà da quegli istanti supremi? Dimenticare la mia persona e i suoi interessi per collocarmi nel cuore della forza vitale pronta alla Grande Trasformazione, basterà per far sì che una particella di coscienza lentamente acquisita nel corso degli anni, e cui il mio « nome » è legato, accompagni quella forza un poco oltre il limite?

Ma anche se ciò non dovesse avvenire perché è ormai troppo tardi e tutto sprofonda nella notte dei tempi incommensurabili, per dominare almeno la paura è presente la via.

Ma io credo che la morte imminente spinga innanzi a sé una strana forza, una forza che ha il potere di sconvolgere l'ordine stabilito e di trasporre i valori. Quale cosa può restare la stessa quando l'ombra comincia a toccarci? A partire da quell'istante, ritengo probabili una trascendenza dello sforzo umano fino allora così miserando e una crescita prodigiosa del nostro mondo interiore; e così gli attimi diventano anni, a condizione che la rotta sia mantenuta verso l'alto, verso il profondo, verso la verità spoglia di tutti gli orpelli a causa della trasformazione così sopraggiunta.

E vero, la morte inizia proprio in quell'attimo, subitamente, anche se ancora priva della forza che l'accompagna... La morte, come pure la vita cui essa appartiene, è presente in ogni momento, e se non facessimo di tutto per ignorarla, il suo inevitabile approssimarsi ci aiuterebbe a mantenere la difficile rotta.

Sentir arrivare la morte imperterrito perché la sento « in modo diverso », e portarla in me con la vita, presente, come attributo sacro della condizione umana...

Ne sarò capace?

Le agende non hanno la pagina di domani. E forse l'unico indizio autentico, tra molti altri ritenuti più seri, di un anno che sta per finire.

Si cambia la cifra dell'anno e si continua... A che serve un passato che genera solo la storia? Fare del presente una solida base su cui poggiare il passato a sostegno di un edificio che cresce ogni giorno.

Si fa presto a dirlo... Gli istanti si accalcano davanti a me, e prima che io possa coglierli, sono già il passato. Come quei criceti che restano sempre allo stesso posto mentre la gabbia che li rinchiude ruota sotto i loro passi, io vedo me stesso camminare su un tappeto d'istanti che sfrecciano inesorabilmente sotto i miei piedi. E spesso sono convinto di andare avanti, mentre rimango sempre al medesimo posto lasciando che la vita mi attraversi passivamente. Il tempo mi logora il corpo e le funzioni: tramite un'attenta osservazione, posso già fare l'elenco di ciò che un giorno, senza scampo, dovrà morire.

Mi riesce invece difficile concepire qualcosa di definito che sia in grado di sopravvivere. Il sogno associativo, sempre presente, mi suggerisce in proposito parole ben note che scoppiano come bolle di sapone non appena cerco di individuare nel loro possibile contenuto una sostanza che mi appartenga.

Se un poco di me dovesse mai sopravvivere, non sarebbe forse quella cosa indefinibile, percepita come una « qualità » del mio essere ancora troppo dispersa perché possa raccogliersi, quella specie di luminosità che non è luce, quella sorta d'armonia che non è riferita alla musica, quella strana spinta che non si risolve né in desiderio né in pensiero, ma che vibra talvolta nella calma profonda del mio silenzio all'interno dei movimenti ordinari e sottili che mi riempiono in permanenza la vita? Refrattaria a ogni immagine e a ogni definizione, quella cosa resta fuori dall'esistenza meccanica, ma nel momento in cui uno sforzo mi conduce alla sensazione reale di ciò che sono, nell'intimo d'ogni istante vissuto s'accende una fiamma che impregna e colora ciò che in me dà gusto al tempo, leggera come un profumo appena percettibile ed estranea al mondo conosciuto, ma più reale che mai.

Le diverse parti della mia totalità vengono allora percorse a turno da una forza che ne sa estrarre, allo stesso modo in cui nasce un pensiero, « forme » immateriali simili a ciascuna di loro. Succede talvolta che queste forme, prima di svanire come fumo leggero, indugino un po' più a lungo nel campo della coscienza, non senza lasciare in me il profumo del mondo cui appartengono.

Che un giorno questi bagliori si colleghino in una rete continua dai limiti coincidenti in ogni punto coi miei, e che la mia coscienza venga a dimorarvi...

Sarà mai possibile? E solo una divagazione del tiranno vanitoso acquattato in una piega occulta del mio sentimento, o è la visione, di una terra promessa avuta in ricompensa? Non oso rispondere.

Eppure l'Invisibile è qui, nel suo spazio esclusivo, dove posso sentirlo in tutta certezza.

Strano che questo viaggio dell'ultimo giorno dell'anno mi abbia condotto, per un sentiero finora ignoto, ai bordi dell'anima...

Il momento difficile che sto attraversando mi priva di una fonte di varie impressioni che davano aria al mio paesaggio interiore e che, lasciando espandere il mio sentimento nelle gioie di tutti i giorni, mi consentivano di sostenere queste note di lavoro con qualche tocco variamente colorito. Ne ricavavo un piacere puro, limpido, pieno di sfumature a trasparenza d'acquerello, un piacere che adesso è turbato da mille preoccupazioni e che riesco a ritrovare intatto soltanto vicino ai miei. Fuori dell'oasi familiare, la mia vita professionale è un deserto arido e ghiacciato che mi spaventa: e non ci trovo molto gusto a dialogare con la paura.

Tuttavia mi basta varcare una soglia per liberarmene, e ritrovare me stesso vivo di un'altra vita.

Allora mi sento essere il luogo d'incontro delle forze separate dal bastione che ha eretto il mio ego, e che adesso mi capita di superare o di avvertire nella sua realtà. Il mondo infatti si espande e respinge i limiti del mio spazio interiore; e una forza nuova, che impregna per brevi istanti le parti sensibili del mio sentimento, appare e scompare, come un pendolo oscillante tra l'illusione e la realtà, tra la menzogna e la verità, come la respirazione di un'altra vita in gestazione dentro la mia.

Talvolta il pendolo rallenta e si ferma a metà della corsa, esattamente là, dove posso vedere insieme i due opposti orizzonti del mondo interiore nel quale io, sconosciuto, vado errando diviso, perduto, fuggendo rocchio che mi guarda, il desiderio che m'insegue, il pensiero che mi ricrea a ogni secondo. In quell'attimo io sono di fronte alla porta del Tempio, quella attraverso cui passano le forze venute d'altrove a incarnarsi in me, quella che si apre sul segreto, la porta ancora proibita ma da tenere comunque sgombra per il viaggio di ritorno.

La strada che vi conduce è visibile, ho occhi per vederla, e ogni tanto la percorro a sufficienza per essere certo che la porta sia socchiusa.

Ma là dove ora sto andando, chi mai, se non un compagno di strada, può seguire la traccia della mia penna sulla carta senza rischio di perdersi...

Non sono affatto in vista di quei campi elisi cui, come scriverebbe certa letteratura ermetico-soporifera, gli adepti ammessi alla cerchia suprema s'appressano in marcia trionfale per ricevere l'ultima iniziazione...

La realtà è ben diversa. Il mio silenzio non è quello della realizzazione o dell'unità riconquistata. Io taccio perché mi vedo sempre più incapace di esprimere a parole l'esperienza profonda cui mi sento portato. Provo una specie di vergogna a lasciarmi andare, e a confidare, fosse pure a un foglio bianco, quei moti che le parole tradiscono e le immagini rendono scadenti. Mi sorge dentro un pudore che rifiuta ad altri quella luce che il pensiero talvolta insegue nell'ineffabile. Oltretutto, la verità, per quanto ben scritta, non è che inutile menzogna.

Ma al mio interno tutto continua. Giù nel profondo la guerra prosegue, distruggendo raccolti ammassati da vent'anni per farne il concime delle future messi. E allo scopo di non pregiudicare la promessa di un nuovo raccolto, bisogna che un terreno ben dissodato, copra i semi, e che passi un certo tempo sul silenzio della terra.

Così, dopo una dura marcia d'avvicinamento, eccomi davanti al santuario. Non è un'immagine romantica di quelle che non riesco a evitare e che forse più di una volta hanno imbrattato queste pagine. Mi trovo davvero di fronte all'« io- ignoto » con una nuova ignoranza, come l'uomo davanti al mistero del tempio.

Ho imparato così tanto su di me che il mistero iniziale è svanito. Ne è comparso un altro più vasto, un mondo ignoto risonante d'appelli e di echi, vibrante di forze che l'attraversano come un mormorio di preghiera nella penombra delle cattedrali. Lo spazio che me ne separa si confonde col mondo cui mi risveglio interiormente, e una realtà ancora incerta s'insinua in ciò che era fin qui inaccessibile sicché, nel tempo di un brevissimo sguardo, l'ignoto mostra un po' del suo volto.

Come pellegrino dell'impossibile ho camminato a lungo; domani riprenderò la strada come « pellegrino della speranza »!

Dimenticare la ragione, gettar via le immagini, le parole e l'ignoto mille volte descritto, unirsi al pensiero vivente che stringe i legami indissolubili di ciò che E simile fuori e dentro di me, verità totale senza dubbio né prova... di ciò che È e poi svanisce. Io resto muto, compreso d'ignoranza: eppure il segreto è qui, nel tempio che io stesso contengo.

Umile, davanti alla porta riccamente intarsiata, il pellegrino s'arresta con in cuore un insolito struggimento: dissipare l'ignoranza, essere l'ignoto. E conoscerlo.

Ogni tanto, nel silenzio, si leva una voce insistente dal fondo del santuario che dice: « Va', con la forza che hai »...

9 781447 708803